销售员的成功技巧

郑和生◎编著

吉林出版集团股份有限公司

图书在版编目（CIP）数据

销售员的成功技巧 / 郑和生编著. — 长春：

吉林出版集团股份有限公司, 2018.7

ISBN 978-7-5581-5216-0

Ⅰ.①销… Ⅱ.①郑… Ⅲ.①销售－方法

Ⅳ.①F713.3

中国版本图书馆CIP数据核字（2018）第134139号

销售员的成功技巧

编　著	郑和生	
责任编辑	王　平　史俊南	
开　本	710mm×1000mm　　1/16	
字　数	260千字	
印　张	18	
版　次	2018年8月第1版	
印　次	2018年8月第1次印刷	
出　版	吉林出版集团股份有限公司	
电　话	总编办：010-63109269	
	发行部：010-67208886	
印　刷	三河市天润建兴印务有限公司	

ISBN　978-7-5581-5216-0　　　　　　　　定价：45.00元

手拿公文包，穿着西服，打着领带，不分春夏秋冬，行色匆匆地穿梭在各大商业区，被人称为"工业区的幽灵"；日出而作，日落而息，心力交瘁地躺在床上苦思冥想失败的原因；黎明来临、朝阳升起时，为了心中的梦想又满怀希望与激情地去会见客户……这就是销售人员如痴如狂的生存状态，这就是销售人员每天都要经历的肉体和精神上的修炼。

日常生活中，我们经常听到销售人员这样的感叹：订单很难谈成，业绩很难提升啊！很多销售人员一提到订单头就发麻，而且有时候好不容易快拿下来的订单往往到最后紧要关头突然失败。因为不经意间忽视了客户的需求，客户不满意，产品不能成交，订单失败，那这是谁的失误呢？是销售、客服人员，还是管理者？

赢得客户不易，失去客户却在瞬间，每一位销售人员的表现，决定了公司的命运……在市场竞争日益白热化的今天，对于销售人员来说，如何在销售中找对路子，让产品瞬间成交，往往成为决定销售人员销售成败的关键因素。

其实，赢得客户订单，让客户瞬间成交并不难，难就难在你能不能找对路子，掌握销售技巧。

销售是一项成就自我、创造价值的伟大事业。日本经营之神松下幸之助、华人首富李嘉诚、世界首富比尔·盖茨等世界巨富，都是依靠销售成就了他们的事业和人生。

但在现实工作中，仍有许多销售人员的业绩不尽如人意，他们与销售高手相差悬殊。究其原因就在于销售高手找对了销售的路子，掌握了成交的技巧。

当然，作为一名销售员，不管是谁都渴望成为所在公司或行业的销售冠军，都渴望轻松、快速地完成销售目标，都想知道更加快捷、有效的成交方法！但是，销售高手不是凭空想出来的，也不是等出来的，而是依靠销售技巧在现实推销中练出来的！那么，销售高手到底是怎样炼成的呢？你将从本书中找到答案。

本书介绍了销售人员获得订单，瞬间成交的实战技巧，对销售中瞬间成交的核心要点都做了详尽的归纳总结，并对销售中所用到的技巧和注意事项进行了重点提示。本书的重要作用在于：方便销售人员在最短的时间里掌握瞬间成交的技巧，同时了解让业绩倍增的销售基本法则和技巧，从而能够合理利用时间，轻松快乐地去赢得订单，创造令人瞩目的业绩。本书集实用性与趣味性于一体，实战案例丰富，对销售人员具有较强的参考价值。

作为销售人员，也许你没有丰富的销售经验，也许你没有非常好的运气，但是如果你能够掌握本书介绍的三十种销售实战技巧，并能将其灵活地运用到实践中去，那么你就可以从一个屡屡碰壁，靠底薪维持生活的销售员，成为战无不胜，拥有非凡业绩的销售冠军。

阿基米德说："只要给我一个支点，我就可以撬动整个地球。"那么，这本书就是你的支点，它将帮助你在销售中找对路子，掌握瞬间成交的技巧，从而成就你的销售事业，帮你实现辉煌的人生理想。

CONTENTS 目录

CONTENTS 目录

第五章 修炼心理，积极务实成交

第一章

营销之战，
攻心为上

微笑是激活客户成功购买的密码

　　微笑是成功推销的敲门砖，自信的微笑、真诚的微笑、亲切的微笑，是一位优秀的销售人员必须具备的基本技能。一位优秀的销售人员在推销时，需要用面部的微笑向潜在的客户表达友好的意愿，这样才能建立起客户对你的信任。一位优秀的销售人员，不仅要学会拥有微笑，而且还要学会适度地表达微笑。总之一句话，"请保持微笑，销售业绩就会掌握在你自己的手中"。

　　俗话说得好，"相逢一笑泯恩仇""笑一笑十年少"。微笑能够被大家相互传递，微笑是人们发自内心的快乐，微笑不仅能够带来快乐而且还能创造出新的快乐。在人们的交往过程中，微微一笑会给人们带来一种亲切、温和的感觉，人们总会喜欢那些面带微笑的人。换句话说，一个面带微笑的人永远都会受到人们的欢迎。而作为一名优秀的销售人员更需要了解微笑的魅力，以及练习真诚的微笑，用你的微笑去开启客户的购买欲望。

　　微笑就像一首动听的老歌，能感染身边的每一个人。生活中，任何人都不会对那些终日愁眉苦脸、眉头深锁的人产生好感，而那些用微笑对待别人，让别人高兴愉快的人，最容易得到别人的好感。微笑是一种让人无法抗拒的语言，甚至还有人认为微笑是一座通向他人内心的桥梁，可见微微一笑的魅力有多大。微笑，一个每个人都会的简单动作还有助于人们的身体健康。它能够刺激血液循环，缓解紧张情绪，增强免疫系统功能，特别有益于心理健康。一个笑能够使消极的情绪转换，从而转变为愉悦的心情，由此可见，对销售人员来讲，如果能找到一些笑料，让自己笑上几分钟，烦恼就会立刻消失。

1. 用你的微笑打动客户

微笑可以让你与他人之间建立信任，微笑可以使你表达出对他人的好感。微笑是来自内心的快乐，它在带来快乐的同时也创造了新的快乐，销售人员在销售的过程中，只需微微一笑，就能让对方从你发自内心的微笑中得到对你的肯定。微笑，可以拉近你与客户之间的距离，从而一笑定江山。所以说，微笑对于销售人员，是非常重要的。如果销售人员想成功地推销产品，就必须突破客户的戒备和防范，而此时的微笑就是将戒备和防范转化为信任的最有利的武器。销售人员所进行的工作是人与人之间的沟通，心与心之间的交流，因此销售人员就必须用自己的微笑和热情去感染客户，从而引起客户的共鸣，这样才能将你的产品成功地推销出去。

悄无声息的微笑，讲出了很多语言无法表达的信息，比如尊重、理解、愉快、赞同等。作为一名优秀的销售人员，更应该时刻将微笑挂在脸上，用微笑去迎接客户，即便你面对的是那种冷冰冰的客户，你的微笑也会让他们感觉到你的热情、友好、温和，进而得到他们的认可和欢迎。

美国作家F.H.曼狄诺说过这样一句话："微笑可以带来黄金"，这便是后来大家所熟知的曼狄诺定律。曼狄诺主张人们应该多微笑，因为真心的微笑具有巨大的魔力，它是一个人销售成功的推动器。

在销售的过程中，每一个客户都想与一个面带微笑、具有亲和力的销售员来交谈，没有谁愿意面对一副冷冰冰的面孔。所以销售人员在销售的过程中，一定要将自己最美丽的微笑展现给你的客户。这样不仅可以拉近你与客户之间的距离，还能让客户对你产生信任感，从而促使交易的成功。

一年前，在上海举行了一次巨大的汽艇展览会。在展会期间，一家汽艇公司又让一笔巨大的生意跑掉了，而另一家汽艇公司却用微笑将这笔生意签了下来。

一位富翁想要买一艘汽船，于是他就站在推销员面前说："我想买一艘汽船。"主动找上门的客户对推销员来说是一件求之不得的好事，于是推销员周到地接待了富翁，只是推销员的脸上没有一丝笑容，全程都是冷冰冰的。

富翁看到推销员没有笑容的脸，走开了。当他走到下一个公司的推销员前，这位推销员给予了他热情的招待。待他表达了自己的意图，那位推销员脸上带着微笑说："没问题！我会为您介绍我们的产品。"

后来，富翁买下了价值2000万美元的汽船，在交定金时，他对这位推销员说："我喜欢人们表现出一种他们非常喜欢我的样子，现在你已经用你的微笑向我表现出来了。在这次展览会上，你让我感到了我是一个受欢迎的人。"

由此可见，有时推销员推销的成功与否，只在于一个简单的微笑，因为可以满足客户想要受到他人欢迎的心理。所以销售员在推销自己的产品时千万不要吝啬自己的微笑，要学会用自己的微笑将客户留住。

销售人员的一个微笑能够给客户一种亲切、温暖的感觉，让客户感觉到销售人员的善意、理解、支持。乐观、开朗的笑容可以让客户喜欢你，也可以让客户在你的感染下购买你的产品，同时你的微笑也会在客户的心中留下深深的印象，为以后的成功销售打下坚实的基础。总之一句话，微笑是获得客户认可的最佳法宝。下面来看一则案例：

年轻的销售员小王今天来到一家软件公司经理的办公室。

销售员小王："经理，不好意思，打扰一下，请问，你们需要电脑靠椅吗？"

经理："对不起，我们不需要。"经理冷冷地回答道。

销售员小王："没有关系，我可以为你们试一下我们的电脑靠椅产品。"销售人员此时保持着美美的微笑。

经理："不用了，你还是走吧。"

听到这里时，销售员小王就有点忍不住了，脸色低沉了下去，无奈地离开了办公室。

在上述的案例中，如果这位年轻的销售人员小王能够将微笑坚持下去，并能够坚持用微笑去感染经理，并说服他，就有可能将产品成功地推销出去。但令人失望的是他并没有坚持下去，而是选择了一走了之，最后只能以失败告终。

试想一下，如果一名销售人员没有灿烂的笑，每天都是一副冷冰冰的表情，这肯定会引起客户的反感。如果销售人员的表情给人相当不愉快的感觉，客户肯定会连衣袖都不挥地掉头就走。相反，如果销售人员在销售的过程中多一些微笑，就能吸引客户，同时也意味着有机会成功地推销自己的产品。

2. 让自己做一个受欢迎的人

在推销的过程中，很多客户有时会让你变得厌烦，他们常常会喋喋不休，并且抱怨总是多于赞赏。他们似乎蠢蠢欲动，准备随时离开。而在此之前，请你用微笑留住客户的心，处理好客户的抱怨。客户经常会向销售人员提出许多抱怨，甚至情绪激昂，怒火中烧，此时，就是考验作为销售人员的你的耐心和能力的时候，这时应该用真诚的微笑来打消客户的抱怨，积极地处理客户提出的问题，并及时与之进行沟通。不管原因是什么，只要你用真诚的微笑来解释，将抱怨处理得当，那么客户也会对你推销的产品进行认真考虑。

销售人员在销售的过程中，有许多人心里想的，眼睛里看到的，只有订货及金钱，尤其是面对那些一次性交易的客户，这种心里更是明显地表现在脸上，让人看了很是不舒服。你要明白，客户需要的不仅是你的产品，还有你的尊重和服务，而此时的微笑就是最好的表达，它会让你成为一个受欢迎的人。你推销的产品是许多人都能提供的，然而有质量的微笑却不是每个人都能做到的。想一想，花费同样的钱，在一个销售服务人员那里，只能买到单纯的产品，在另外一位销售人员那里，还能换来一个美丽的微笑，那么你会选择哪位销售人员的产品呢？答案自然是肯定的，那就是产品+微笑。微笑是吸引顾客的最有力的武器，在复杂的人际交往中，人们常常会运用微笑来传递信息或获取信息。在推销和社交活动中，销售人员应目视对方，面带微笑以表示关注。当你初次到一家公司推销产品时，经理会用轻视的眼神上下打量你，而此时你面带微笑地向他推销你的产品，并能使他相信会给他带来利益，又大大激发起他的兴趣，那么你的推销就能获得成功。因此，请你做一个时刻拥有微笑的销售人员。

既然微笑在销售中如此重要，那究竟怎样才能拥有打动客户的微笑呢？

在销售中，总有一些销售人员带有消极心理，他们常常会想"我不是帅哥、美女，天生一副苦瓜脸，微笑对自己来说是不可能"，实际上，只要你拥有一颗微笑的心，就能够展现一张微笑的脸。微笑与你的性格没有关系，只要你愿意微笑，只要你肯去微笑，那么任何时候你都能拥有一张灿烂的笑脸。我们不应该将微笑看作困难的事情去练习，大家只需要拥一颗本来的心，努力去做就好了。在实际的生活和工作中，有挑战的笑、充满优越感的笑，有爽朗的笑，有抑郁的笑等。并非所有的笑都适合销售人员进行推销，笑是有区别的，只有充满自信、温和、亲切的微笑才能够让你的推销事半功倍。

3. 在日常生活中多多练习微笑

大家都说，微笑是销售成功的有利武器，但为什么有的人微笑了就能销售成功，有的人即使微笑了也会失败？因此，在销售的成功和失败中，自然也就有了普通销售人员和优秀销售人员的区分。其实，销售成功的关键就在于销售人员的微笑，但微笑也是有差别的，普通销售人员的微笑往往是僵硬的，并不是发自内心的，而只是面容上简单的表现，他们在与客户交往时，僵硬的微笑会让客户感觉不舒服，很容易使双方陷入不自然的氛围中；而优秀销售人员的微笑是发自内心的、真诚的，他们在与顾客交往时，会真诚地注视着对方，并从对方的目光与自己的目光接触的那一刻，将自己发自内心的微笑从眼睛渐渐扩展至整个面部，给客户一个温暖的微笑。这样会让客户感到你的真诚，并向客户传达一种"很高兴见到你"的信息。有一些销售大师建议日常生活中可以这样练习微笑：每天对着镜子练习微笑，让镜子中的微笑感动你自己；每天坚持做脸部表情动作，从而增强脸部肌肉的灵敏；平时多留意餐厅、宾馆等服务行业专业服务人员的笑容等。

日常生活中，我们在练习微笑时，应注意微笑的几个标准：面部表情标准：我们在微笑时要真诚、甜美、亲切、善意、充满爱心；脸部表情要和蔼可亲，亲切自然；伴随着微笑自然地露出牙齿。声音语态标准：我们在与他人说话时，态度要诚恳，语句要流畅，语气要不卑不亢；声音要清晰柔和，语速要适中，富有甜美悦耳的感染力。眼睛眼神标准：我们在与客户交谈中，眼睛要正视客户，目光要友善，亲切自然，眼睛要和蔼有神，让真诚自然流露。

4. 在推销的过程中，向你的客户展示微笑

你的一个亲切的微笑，一句诚恳的"谢谢""欢迎"，会让客户有一个宾至如归的感觉。微微一笑，有时也会给对方造成错觉，驱使客户做出相反的判断，从而出现对你有利的局面。需要注意的是，当我们用微笑面对客户时，应注意以下几个方面。

第一，微笑要真诚。要用发自内心的微笑真诚地对待客户。

当你对客户微笑时，一定要流露出真诚的态度。只有你真诚的微笑，客户才会对你的产品真正感兴趣，你也才能够收到预想的结果。如果你的微笑很僵硬，而且没有诚意，客户会觉得你是在敷衍、忽悠他，从而认为你很虚假，结果可想而知，你的推销一定是失败的。

第二，微笑要及时。销售人员的微笑发生在与客户对视时，效果比较好。

销售人员在与客户见面时，首先应该真诚地注视对方，并从对方的目光与自己接触到的那一刻，及时地将自己发自内心的微笑展示给客户，此时是打动客户的关键时刻。

第三，微笑要有针对性。销售人员并不需要一直对着客户微笑，在谈到某些内容时微笑能起到事半功倍的效果。

销售人员用微笑迎接客户时，就要在客户离你还有五步远的时候，主动向客人微笑，用你的目光看着客户，在客户走近时，就应该面带微笑地讲"您好，欢迎欢迎"；在商谈时，当顾客谈到某个你比较感兴趣的话题时，你就可以注视着他，然后微笑着谈你的看法并推销你的产品，在这个过程中即使你受了委屈，你也一样要面带微笑；当客户离开时，你应主动用微笑送别客户，并向客户说送别语"请您慢走，下次再来"等，等客户走之后方可转身，要让客

户记住此时你的微笑。

第四，微笑要适度。微笑太多、太少，都不能够让客户对你产生好感，所以微笑一定要适度。

微笑虽然是销售人员在推销时最有吸引力、最有价值的面部表情，但也不能随便乱笑，随心所欲的笑，应该适度地对客户表达你的微笑。

第五，微笑要有艺术性。为了让客户对你的产品产生购买欲望，那么你的微笑就得笑得有艺术。

销售人员微笑的艺术性主要表现在要用微笑与仪表、举止、谈话内容相结合，以笑助姿，从而形成一个完整、统一、和谐的美。在与客户谈话时，销售人员应注意将微笑和讲话的内容相互结合，声情并茂，这样微笑才能发挥出它应有的特殊魅力；即便微笑拥有其独特的魅力，如果不是发自内心的微笑，那便是僵硬的微笑。有礼貌的微笑当然坦诚，同样是内心真情的流露。那些"皮笑肉不笑""苦笑"，只会让人感到虚伪，让顾客感觉到极其不自然，从而让你与成功擦肩而过。

爱心与真情让瞬间永远跟着你

爱心是销售员成功的最大秘诀，在销售的过程中，不仅要讲究技巧，更要讲究爱心。如果销售人员没有对客户的爱，也就没有办法用爱心与客户沟通谈判，那么客户就成不了你的朋友，自然也就不会与你合作。爱心是销售员在销售中的最大武器，因为人们可以拒绝一切，但决不会拒绝爱心。世界上没有人能抵挡住爱的威力，爱可以帮助销售员解除客户心中的怀疑和恐惧，爱是帮助销售员打开客户心灵的钥匙。它以无与伦比的力量，成为销售员在销售中的护身符。

很多畅销的销售书本都会告诉销售员维持一个现有的顾客比得到一个新顾客容易得多。但很多销售员在销售的过程中却喜欢花很多的时间来开发新的客户，而忘记已有的顾客群，其实这是很不明智的选择。作为一个有远见的销售员，你不仅要维护好现有的顾客，更要积极扩大和他们之间的生意。所以，销售员要想维持和发展与客户的这种关系，除了付出努力和依靠你的产品保持客户的忠实外，还要使用你的爱心。

爱心是销售员成功的最大秘诀。但有的销售员却认为爱心对推销无关紧要，这是错误的观点。其实只有真正关心爱护顾客的销售员才是顾客们真正喜欢与信任的销售员。也正是因为你的爱心，客户才会信任你，进而购买你的产品。

陈勇是一位保险推销员，为了对一位老人推销保险，他为此常常去拜访他。只要一有时间，陈勇就常常陪老人散步、聊天，逐渐让老人感到：只要陈勇不来，他就会感到非常孤单寂寞，所以老人时不时地就邀请陈勇来喝茶，并向他请教一些投资理财的常识。当陈勇的推销快见成效时，老人突然因病去世了。陈勇的推销计划失败了，但他还是对老人的家人表示了关心，并主动参加了老人的葬礼。在老人的葬礼上，陈勇发现了另一家保险公司的代表也来了，并献了花圈。他很纳闷，因为在他与老人的接触中从来就没有碰到这家公司的推销员，也没有听老人提起过。

老人去世三个月后的一天，老人的儿子前来拜访陈勇。他说："他在整理母亲的遗物时，发现母亲很精心地保留着几张您的名片，上面还有您写的十分关爱的话。我母亲也多次对我谈起过您，今天我特来致谢。"他深情地向陈勇鞠了一躬，并说："为了感谢您对我母亲的关爱，我决定瞒着我妻子购买您公司的保险。"随后，他将10万现金交给了陈勇。原来，他的妻子就是另一家保险公的经理。因为陈勇先播下了爱心的种子，所以他最终收获了金秋之果。

所以说，无论你销售的是什么，关爱都是赢得永久客户的重要因素。当你为客户提供了稳定可靠的关爱时，无论出现什么问题，你都能与客户一起努力去解决。但是，如果你只在出现重大问题时才去通知客户，那你就很难博得他们的好感与合作。销售人员的工作并不是简单地从一笔交易到另一笔交易，还需要你花时间维护好与现有客户的关系。但很多销售人员却认为对客户施与关爱对以后的销售没有任何作用。乍一看，这种观点好像很正确，因为停止关爱可以腾出更多的时间去发现、争取新的客户。但是，事实却非如此。你的关心会使客户愿意一次又一次地回头光顾你，更重要的是，他们还乐意介绍别的客户给你，这样一来你就等于拥有了一座取之不尽的金矿。

销售需要每天与客户打交道，所以在销售员内心要感到每天销售的不仅仅是一台电视机，更是一份浓浓的爱心。只有满怀真情的销售才能真正地打动客户、赢得信任，最终赢得市场。《羊皮卷》中说："强力能够劈开一块盾牌，甚至毁灭生命，但只有爱才具有无与伦比的力量，使人们敞开心扉。在掌握了爱的艺术之前，我只算商场上的无名小卒。我要让爱成为我最大的武器，没有人能抵挡它的威力。"由此可知，成功销售员最重要的品质就是爱心。

乔·吉拉德是一位汽车销售员。一天中午，他看见一位老太太从对面的福特汽车推销商行走出来后进入了自己的汽车展销室。

看到客人进来，乔·吉拉德马上微笑着对刚刚走进来的老太太说："您好，欢迎你来看我的车。"老太太兴奋地告诉他："今天是我60岁的生日，我想买一辆白色的福特车送给自己作为生日礼物。"对于老太太而言，今天非同寻常。乔·吉拉德热情而由衷地祝贺道："夫人，祝您生日快乐！"随后，他轻声地向身边的助手交代了几句。面对这样一位真诚友好的推销人员，老太太打开了话题。她说自己想买一辆白色的福特车，那个车的款式很漂亮，开起来就像在空中飞翔的白色小鸟，十分漂亮。

这位老太太正说得高兴时，突然就停下来，神情由兴奋转向了平静。乔·吉拉德注意到了这一细微的变化，于是就更加细心地听了起来。她接着说："对面福特车行的销售员有事，让一两个小时以后再过去，我很无聊，所以就先到你这边来看看。"听了这话，乔·吉拉德并没有因为这位老太太是随便来看一看就怠慢了她，而是领着她从一辆辆新车面前慢慢走过，并认真地介绍每一款车型的性能。当他们来到雪佛兰车前时，乔·吉拉德指着白色的车说："您对白色情有独钟，瞧这辆双门式轿车，也是白色。"老太太顺着乔·吉拉德的所指的方向看去，多么漂亮的一辆车啊！它的美毫不逊色于那辆白色的福特。就在这时助手走了进来，把一束玫瑰花交给了乔·吉拉德。乔·吉拉德把这束花送给了老太太，再次对她表示生日的祝贺。他的真诚感动了老太太。老太太接过花，非常激动地说："太感谢您了，过了无数的生日，已经很久没有人给我送过礼物了。"过了一会儿，老太太对乔·吉拉德说："刚才那位福特的推销员看见我开着一辆旧车，以为我买不起新车，所以在我提出要看一看车时，他就推辞说自己有急事，我只好上您这儿来等他。"现在想一想，也不一定非要买福特车不可。"结果可想而知，老太太购买了白色的雪佛兰车。

乔·吉拉德买花给老太太过生日，就这么一个小小的举动，体现了他的善良和友爱。每一位推销员，都应该学会把顾客看作朋友、看作亲人，真诚地关注他们。推销并不是我们终极的目的，与人为善，与人交友，应该是推销员更高层次的追求。

这就是销售员在现实销售中，为什么很多人总是被拒绝，甚至让人避之犹恐不及？为什么很多公司的门口都写着"谢绝推销"字样的原因，因为人们觉得推销员只是想赚自己的钱。推销员在推销产品时，将自己的产品说得天花乱坠，可不管你再怎样夸奖自己的产品，顾客知道你真正的目的就是想赚钱，这样的推销又怎会成功呢？但如果你推销的不仅仅是商品，而是贴心的关爱，那效果就会截然相反。

所以，销售员不要只想着夸奖自己的产品，只有让客户真心实意地享受到利益，他才会购买你的产品。当你的产品不论是在品质上，还是在服务上，都与其他产品有所不同时，那么你就会成为最后的赢家。

有一位销售员去拜访客户时，正赶上要下雨，当他看见客户的邻居有棉被晒在外面时，销售员便大声喊道："要下雨啦，快把棉被收起来。"他的这句话对客户的邻居无疑是一种至上的服务，一种从内心发出的自然关怀。客户的邻居非常感激他，他要拜访的客户也因此十分热情地接待了他。

如果你想要顾客接受你并喜欢你？那么你就要拿出自己的爱心，真诚地对待你的客户，并设身处地为他们着想。

一个人只要有足够的爱心，就可以成为全世界最有影响力的人。任何负面的情绪在与爱心接触后，都会消失。在一切情绪中，最有威力的就是爱心，爱心以不同的面貌呈现。如果我们常心存感恩，人生就会过得再快乐不过了。因此请用无限的爱心去经营你美好的销售人生。

总之，销售人员在销售的过程中，应当尽自己最大的努力为客户提供更多的爱心。不要怀疑，成功的销售正是建立在爱心的基础之上的。

爱心能换来客户的信任，而客户的信任是无价之宝，如果你能更多地关心客户，那么你的销售也一定会更成功。

那么销售人员应该怎样关心自己的客户，并施与爱心呢？

1. 认真倾听客户的谈话

销售人员在认真地倾听客户的谈话时，客户就可以畅所欲言地提出自己的意见和要求，这除了可以满足客户表达内心想法的需求外，也可以让客户在倾诉和被倾听中获得关爱和自信。客户希望得到销售人员的关心与尊重，而销售人员的认真倾听则可以使他们的这一希望得以实现。销售人员通过对客户有效的倾听，可以向客户表明，自己十分重视他们的需求，并且正在努力满足他们的需求。

2. 友善地对待每一位客户

销售人员对客户的关爱要建立在友善的基础之上，否则销售人员接近客户的一切努力都将白费。销售人员与潜在客户进行第一次沟通时，就应该着手建立一种彼此和睦相处的友善关系，并使这种关系在今后的各个沟通阶段逐渐加深。

销售人员为了成交，都会很努力地营造与客户之间友善相处的良好沟通氛围。不过，一些销售人员常常感觉自己的这种愿望和努力是一厢情愿——客户似乎总是把销售人员当成假想敌人来加以严密防范。

那么，如何缓和客户心中的紧张情绪，使客户和自己彼此友善地展开沟通呢？那就是销售人员要从内心深处真正地关心客户和尊敬客户。

小马是一家商场的服装销售员。一天，一位身材偏胖的女顾客走进了她的摊位，小马发现这位顾客眉头紧锁，匆匆地看过每件衣服之后就摇摇头继续向前走，并不像其他女士那样充满了购物休闲的乐趣。

通过多年的经验，小马猜出这位顾客可能是想买衣服参加某种重要的活动，但是又不知道自己穿哪种服装比较合适。这类顾客虽然有较强烈的购物需求，可是却没有明确的购物目标，她们通常都需要别人的介绍或建议。

当这位女顾客准备转身离去时，小马迅速从货架上取下一件适合这位顾客体型的衣服，然后微笑着叫住顾客说："我看您逛得也挺累的了，是不是一直没有找到自己称心的衣服呀？"

顾客无奈地摇摇头说："好看的服装是不少，但适合我的并不多，因为我太胖了，而现在的服装样式几乎都是针对瘦人设计的，我穿上一定很难看。"

小马柔声说道："您看上去很有气质，像您这么有气质的人最适合穿套装了，而且套装无论在上班、约会还是重要的社交场合都很合适。您觉得我手上的这身套装怎么样？"

顾客看了看说："这种颜色太亮了吧？我觉得我的年龄不是太适合。"

小马微笑着说："这是今年的流行色，很多年龄比您大得多的人穿着都很好看，而且这种亮丽的颜色可以使您的皮肤显得更有光采。您可以试一试，看看效果如何，如果您觉得不满意，我们这里还有其他颜色。"

接着，小马又热情地说："要不您先试试这件，我再去帮您找几件其他颜色的，您多试几件，比较一下，看看哪件比较合适。"

顾客试了好几套衣服。可是最终还是拿不定主意。小马建议她还是选择第一次试的那件亮色套装比较好，因为顾客穿上那套衣服给人的感觉充满了活力，而且与她的肤色十分相配。小马还告诉顾客："如果您穿上这身衣服去参加重要约会，那一定会给人留下十分深刻的第一印象。"

其实女顾客自己也对那套衣服比较满意，听到小马的建议她更加坚定了购买的决心，于是这场交易成功了。

3. 真心诚意地帮助客户

销售人员在进行销售时，客户可能对你充满了警惕和防范，因为他们害怕一不小心就会中了销售人员精心设计的圈套。所以，客户才会变得如此小心，究其原因是因为有些销售人员根本就不真诚对待客户，更不会积极关注客户的具体需求。他们为了达到自己的销售目的，使用了种种招数，可结果却常常是事与愿违。其实，扭转这种局面的唯一方法就是用自己的真诚去关心客户，诚心诚意地帮助客户解决问题。只有这样，客户才能放松对你的警惕和防范，从而使沟通变得顺畅。

在一大型商场，各种冰箱都在展销，老李的展台前迎来了两位老人，他们一边看展台上的各种冰箱，一边互相研究和商量。老李看到了两位老人，就热情地迎了上去，同时认真地向他们介绍冰箱的功能、质量、服务、价格等。看到品牌如此丰富的冰箱展台，两位老人一时拿不定主意。他们告诉老李："我们再到其他展台看一看，比较一下再做决定。"

一会儿，老李看到两位老人又返回来了，通过询问得知，他们还是没有做出决定。不过他们表示，今天是肯定要把冰箱买回去的，只是要先回去取钱。当时外面正好下着雨，老李迅速把雨伞递到两位老人面前。两位老人起初不愿接受，他们认为："还没决定购买哪种冰箱，恐怕到时候不好归还。"可是老李却说："送你们伞属于我的个人行为，与你们是否购买我们的冰箱没有关系，再说我们海尔的员工有义务帮助像你们一样需要帮助的人。"在得知家中只有两位老人时，老李建议他们购买一款小型冰箱，这样既省电、使用起来又方便。最终，两位老人决定从老李的展台购买冰箱，因为他们觉得这里的销售人员是真心诚意为自己服务的。

4. 给予客户足够的关注

销售人员在与客户沟通的过程中，总是千方百计地围绕着客户的需求展开推销，乍一看去，似乎销售人员总是处于绝对的被动地位。但在客户看来却不是这样，他们常常感到销售人员就像在对自己展开进攻，因此，他们经常将自己置于一种严密防守的被动状态当中。

其实，客户的这种心理上的严密防守正反映出了他们期望得到关注的需要。所以，销售人员在你向客户施展各种推销技巧时，目标要明确，即说服客户购买你的产品。但对于客户来说，他们此刻的心理却非常复杂：一方面，他们希望自己的某些需求被关注并最终得到满足；另一方面，出于种种顾虑和猜疑，他们又对销售人员的推销活动躲躲闪闪。

客户之所以会出现这一心理的原因是不安全感。这种不安全感使得客户从内心深处更加渴望得到销售人员的关注。一个优秀的销售高手会理解客户的这一需求，因此他们会力求在每一次的客户沟通过程中都主动给予客户足够的关注。

销售过程中，客户一旦认为自己没有被销售人员关注，他们就会失去继续保持友好沟通的耐心。所以，销售人员必须认识到客户渴望得到关注的心理，并且要在沟通过程中适时适度地表达对他们的关心和体贴。

所以，推销员必须对自己的客户有爱心。一个成功的推销员，一定要有一颗尊重普通人的爱心。爱心是销售人员与顾客沟通感情的桥梁。在推销时，销售人员只要有足够的爱心，就可以成为全世界最有影响力的人。

瞬间成交技巧三
真诚大于技巧

真诚是成功推销的第一步，一个销售员要想成功，没有比真诚更有力的武器。因为销售员的是否真诚在很大程度上决定了推销的成败。只要你真诚地对待客户，即使是第一次不能成交，给他人留下的印象也是美好的。靠耍小聪明的招术只能是把自己的后路堵死，花言巧语也是一样。真诚，只有真诚才能打动他人，也是取胜的最好方法。所以，面对客户，我们要真诚。

真诚，就是真实诚恳。真心实意，坦诚相待以从心底感动他人而最终获得他人的信任。曾国藩先生曾经给"诚"下过定义：一念不生是谓诚，故"诚于中，必能形于外"。

销售人员在推销的过程中，经常会遭到客户的拒绝，或者是有些客户莫名其妙地消失，再也联系不上！给以后的销售工作造成很大的阻力。

通常有些比较勤奋的销售人员还是不死心，每隔一段时间，都会继续跟这些客户进行联系！但得到的答复还是如出一辙："我们不需要"；"暂时没有这方面的打算"；"经理出差了"；"过一段时间再说"等！

其实，很多销售人员都明白这是客户的一种委婉拒绝，但很少有人认真考虑过客户拒绝的原因，而是在想：不管客户怎样推托拒绝，只要我坚持，对方迟早有一天会妥协的，我要用我的"真诚"打动客户，赢得订单。

小李是一个推销员，他向一家位于郊区的公司进行推销，几个月下来，毫无进展。这一天，他按照约定再次前去推销。不料，车子在半路上坏了，在这偏远的郊区过往的车辆很少，也没有公交车。小李等了半天也没等到人，他一咬牙，就在大太阳下迈开了双脚。赶到那家公司，见到对方经理后，他一头晕倒在了地上。

等他醒来，对方立即表示要和他签约，宁可放弃另一家公司推销员承诺的优厚条件。小李喜出望外，问对方为什么这么做，对方说："你竟然冒着烈日赶来，差点丢了一条命，我们实在是太感动了。你这样的人，我们信得过！"

还有一个故事：

最近，某家加油站售出960瓶豪华装神州酒，销售额达50万元。不少人好奇：这到底是怎么回事？

一天，某物流公司的王经理来到加油站，开口就要买收银台上摆放的豪华装神州酒，数量是50瓶。看到一笔大生意从天而降，加油站站长喜不自禁。但一听说要开油品发票，站长拒绝道："公司有规定，你要的商品不能和油品混合起来开发票，很抱歉，这个要求无法满足。"

王经理听后，不仅没有气恼，反而哈哈大笑，原来他只是试试站长的为人。这50瓶酒的买卖自然做成了。此后，王经理物流公司的所有物流车都到这家加油站加油，还将每月近100吨的配送量给了站长。春节期间，王经理总共在这家加油站购买了600瓶豪华装神州酒。

一次，站长配送柴油到王经理的物流公司时，发觉他们的配送油机计量有问题，就提出帮忙校正。当配送油机正常运作时，王经理看着一身油污的站长，十分感动。

不到一周时间，站长接到了王经理的电话："站长，我的一位朋友喝了神州酒，觉得不错，我就顺水推舟建议他在你那里买300瓶，明天就去拿。"

就这样，这家加油站用真诚共揽来了50万元的大单。

让顾客看到你的真诚，用你的行动去打动顾客，这是推销取胜的一个关键因素。

销售是一门很深的学问，每个人于实践中都有自己的一套技巧，最适合自己的方式才是最成功的方式，但万变不离其宗，真诚是任何时候都不可缺少的。从事销售行业，最基本的商道是真诚，最难得的品质是真诚，最重要的准则也是真诚。只有当客户感受到你真诚的关怀，诚心的尊重，交易才会成功。

一位学者曾做过这样一个试验：他列举出555个描绘人的个性品质的词语，然后让人们说出他们喜欢的那些个性品质的词语，并说明喜欢的程度。结果人们最喜欢的词语排在前八位分别是：真诚、诚实、理解、忠诚、真实、信得过、理智、可靠。其中竟然有六种与"诚"有关。而在人们最不喜欢的词语中，虚伪居于首位。可见，人们都把真诚作为与人交往的基础。

销售员与客户交往时，客户都会怀有一种戒备心，因为他不了解你的真实动机和目的，出于安全的考虑，往往会将自己的真实情感隐藏起来，在你的一言一行中，试图发现你的意图。客户不仅关心产品的价格、质量，他们更关心销售人员的人品。销售员如果表现得过于精明，甚至耍花招，会给客户不安全感的感觉，客户都会看得出来。

不真诚就是虚伪，不真实就要欺骗，不真实就要编造谎言。为了掩饰虚伪与欺骗目的，要不断编造谎言，为了圆前面的谎言，又要编造更多的谎言。这样的销售人员缺钱，更缺德，有谁愿意与这样的销售人员打交道？有谁愿意购买这样的销售人员的产品？

在销售中，技巧固然重要，但取代不了销售员态度的诚恳。以诚相待，就必须开诚布公。销售人员在销售的过程中，应该向客户提供自己一方的情况。如果不主动、坦诚地提供自己方面的情况，客户不可能跟你积极合作的。只有你首先表现出你的真诚，才能引导客户采取同样的态度。因此，开诚布公，态度诚恳，公开自己的立场和目标，适当地流露出自己的感情、希望和担心，会消除客户的戒备之心。

真诚，是营销人员接近顾客的第一步；唯有真诚，才能取信于人，才能赢得订单。真诚在销售中还表现为一切从客户的利益出发，销售的目的是使客户的利益最大化，而不是强迫性销售自己的产品，提高自己的销售业绩。

"谢谢，忙过这几天，我来找你买车。"前几天，某汽车公司的销售人员小赵收到这样一条短信，短信是宋经理发来的，和准备找他买车的人还未见过面。一次，小赵在单位接到一个电话，宋经理表示对POLO感兴趣，想先了解一下资料。

考虑到客户都会比较心急，小赵用快递给宋经理送了一份完整的资料。随后，两人经常用电话和短信进行交流。通过了解，小赵知道宋经理买车是家用，宋经理身高超过1.8米、体型微胖，从这个情况来看，POLO并不是太适合他，综合考虑宋经理要求的价位以及整个情况，小赵给宋经理推荐了新爱丽舍。

经过多次的交流，宋经理觉得，小赵是实实在在站在自己的角度为自己考虑，值得信任。因此，决定等忙过那几天就找小赵买车。

半路出家的小赵，入行时间虽然不长，但销售业绩一直不错，试用期时公司规定三个月内卖10辆可以转正，他在第一个月就卖出了12辆，后来，他还获得公司年度销售冠军。在做汽车销售的日子里，小赵本着用心的原则服务客户，从开始销售的日子，只要想要看车的客户电话到了店里，小赵都会主动到客户家里去接。小赵说，这也是公司每位员工对客户的态度，公司整体服务意识都很强。

回顾自己几年的销售历程，小赵说，因为车价至少都是十万元左右，开始以为很难卖。真正入行后，才明白其实也不难。作为销售人员，只要真正起到"顾问"的作用，站在客户的角度，挖出客户内心的需求，找到适合客户的车，卖车也就变得容易了。

小赵销售的秘诀是：从接电话开始，接触每个客户，尊重客户的需求，站在客户立场，充分为客户分析，挖掘出客户深层次的需求，真正让客户满意。虽然内心会有些矛盾，但还是将真实的想法告诉客户，真诚对待客户，由客户来决定，找到适合自己的车。

车友对小赵的评价：很真诚，能设身处地站在我们的角度，推荐适合我们的车。

人和人之间是通过心灵来沟通的，但大部分决策是靠感觉做出的。你对客户好，为了客户的利益提出建议，客户是可以感知到的，而这正可以给你带来源源不断的业务。在今天大谈客户满意度、客户忠诚度、客户价值周期的时候更为适用。你真诚地对待客户，客户就会更多地购买你的产品，也会介绍更多的客户给你。

亿万富翁李晓华说："在我走向成功的道路上，赵章光先生给了我很大的帮助。"

当时，"章光101"生发精在日本行情看涨，在国内更是供不应求，一般人根本拿不到货。而李晓华与赵章光又素昧平生。

李晓华决定主动进攻。

他第一天来到北京毛发再生精厂，吃了闭门羹。门卫告诉他："一年以后再来吧！"

第二天，他又来到该厂。这一次，虽然他想办法进了大门，找到了供销科，但得到的答复仍然是："一年后再来吧！"也难怪，"101毛发再生精"卖得正红火，李晓华根本排不上号。

经过一番思考，他改变了策略。

第三天，他坐着一辆由司机驾驶的奔驰来到101毛发再生精厂，并自报家门："海外华侨李晓华先生前来拜访！"

在与对方的交谈中，他先不提买毛发再生精的事情，而是海阔天空地聊天，从中捕捉对自己有用的信息。

当他了解到101毛发再生精厂职工上下班汽车不够用时，立即表示愿意赠送一辆大客车和一辆小汽车。

果然，一个月后，两辆汽车开到了北京101毛发再生精厂。李晓华的慷慨和真诚相助，使赵章光深受感动。

从此，李晓华与赵章光成了好朋友。李晓华如愿以偿，取得了101毛发再生精在日本的经销权。他常常包下整架飞机，把101毛发再生精运到日本。短短几个月。李晓华进入了千万富翁的行列。

推销其实就是推销感情，让顾客从心里接受你。真诚打动顾客的心，用心拓展客户关系，你的推销就一定能被顾客接受。用心拓展客户关系，用真诚打动顾客，不要错失任何机会，客户永远至上。

销售人员在进行销售自家产品时，往往容易陷入"王婆卖瓜，自卖自夸"的局面，这个时候不仅不能取得顾客的信任，在顾客眼里也是不够真诚的表现。因为销售人员没有站在顾客的立场上帮他选购产品。如何向顾客表示真诚，必须时刻让顾客感觉到自己是站在顾客的立场的。因此，必须要注意以下方面的工作。

1. 客观地评价自己的企业

销售人员要对自己的企业做到完全客观公正是不可能的，但要在评价自己企业时，找出与顾客需求相对应的优势，并把这样优势转化成顾客的评价标准。

2. 对自己销售的产品要进行恰当的评价

一般情况下，顾客对销售人员的介绍总抱有一种抵触的心理，他们总会认为没有人会说自己产品不好。基于这种心理特征，他们在听取销售人员的介绍时，总是对信息进行过滤，只听自己需要的。此时，如果销售人员能够指出自己产品微不足道的小问题，建立起顾客的信任度，将会强化自己销售中顾客对自己产品卖点的接受程度。

3. 对客户需求的分析要有独到的见解

销售的核心是客户的需求，帮助他们在购买产品的过程中以最适当的投资、最合适的产品满足他们的购买目标。此时，可以利用询问技术，对他们的需求目标进行诊断，然后缩小顾客的关注点，就该点进行全方位的讨论。

4. 对竞争对手的评价要以褒为主

往往在销售中经常会遇到顾客谈到竞争对手产品的优点，此时，销售人员最不应该做的是马上反击，表示出顾客的看法有错误或者不正确或者说这个方面对顾客无关紧要。如果销售人员这样做了，不但不能建立顾客的好感，反而会失去顾客的信任。

一般遇到这样的情况，首先要肯定竞争对手这些方面的优势，同时应该帮助顾客分析这个方面对他们的利益，并表明自己的产品在此方面更有独到之处。

在分析完这些情况后，如果顾客的意愿还是偏向竞争对手，那么销售人员应强化自己的产品优于竞争对手的地方，转化顾客的注意力。

5. 对竞争品牌的产品评价要点到为止

如果销售中顾客不谈竞争产品，切忌不要自己主动去做竞争产品的比较，因为经验告诉我们，如果这样做了，销售人员只会给自己设置更大的销售障碍，不仅不会利于销售，反而会促使此次销售的失败。什么情况下应该做竞争产品的比较，是在顾客提出了竞争产品的优势而影响了后续销售的情况下。即使做比较，只能点到为止，从讲话的语气轻描淡写、言词上简明扼要，让顾客感受竞争对手的这些优点没有什么了不起。

6. 表明如果客户有超出销售商提供范围外的服务，你都能够设身处地替他着想

有时顾客会提出一些超出你的服务范围内的产品与服务的要求，此时如果随便地拒绝他们的要求或表示你无能为力，可能会失去与他们再度合作的机会，不妨通过询问的方式，了解他们的要求，利用自身的资源优势帮顾客达成愿望。

瞬间成交技巧四

让大客户感受到忠诚与安全

现代营销充满竞争，产品的价格，品质和服务的差异化已经变得越来越小。竞争的核心逐渐转移到销售员自身，那就是销售员能不能取得客户的信任，让客户感受到忠诚与安全。因此，销售人员要想将产品推销出去，首先要推销自己，让客户信任你，接受你，对你产生好感。信任是所有营销业务的重要因素，如果没有客户信任你，你就没有展示自身才华的机会，更无从谈起赢得销售成功的结果。

信任是人与人之间的纽带，只有信任才能让客户倾心。

在销售行业中，销售人员每天接触的都是新面孔，因此要想将自己的东西推销出去，首先要消除客户的警惕心，让客户感觉到你的真诚、你是一个专业人士、你是一个聪明的销售人员、你和他是多年的老朋友了。只有客户对你产生了信任，交易才可能产生。

如果销售人员无法与客户建立信任，那就无法完成销售。如果客户对销售人员的信任是有限的，他对于你说的每一句话都会抱着审视的态度，如果再加上不实之词，其结果可想而知。取得顾客信任是买卖成交的一个关键环节，也是推销过程的第一个阶段，是整个过程的开始，是基础。只有取得顾客的信任，才能谈及成交与否。如果顾客不信任你，不信任你的商品，那交易就不会成功。

有一个顾客问服装店的推销员："这件衣服我穿上怎么样？""不错，很好。"那位推销员回答道。然后，顾客又试了一件裁剪样式全然不同的衣服："这件衣服呢？"顾客同样对这件衣服表现出极大兴趣。于是，推销员附和道："也挺好的。"很快这位顾客就意识到了那位推销员的建议是没有价值的，这件衣服究竟看上去如何，合身与否，他是不会对自己说真话的，他唯一的目的就是把东西卖出去。当顾客明白了这一点的时候，生意自然就不会成交。

真诚、真实和透明对我们每个人都具有非常重要的影响。有经验的销售人员都知道，幼稚的销售行为是会让自己自食其果的。一项不诚实的举措，任何欺骗的买卖和任何欺骗的企图对销售人员来说无疑都是一把会伤及自身的飞镖。它只是一个时间的问题。每一次不实的描述和卑鄙的交易迟早都会让销售人员付出惨重的代价。你做的每一笔买卖都是一个广告。经它既会帮助你做成一笔买卖，也会断了你今后的销路。它是你的名誉和总体政策的广告，你的销售是公平、诚实还是狡猾、奸诈，都会通过它宣扬出去。一个推销员如果想有所作为，就要获得人家对他的信任。一个人如果学会了如何获得他人信任的方法，真要比千万财富更令人自豪。但是，世界上真正懂得获得他人信任的方法的人真的少之又少。

所以，在现实生活中，我们经常听到客户抱怨销售员奸诈，可能他们当中的大多数人都有过被销售员欺骗的亲身经历，或者其亲朋好友有过被欺骗的经历，以至于他们一看到销售员就感觉是来推销产品的，就比较警惕。

销售人员处心积虑地对付客户，无疑会遭到客户的抛弃。不仅如此，对一位客户的一次欺骗和伤害，就可能影响这位客户周围的一大片潜在客户，而且这种恶劣影响是很难通过其他手段来挽回的。

利益与责任感永远都联系在一起，即便你逃避了责任，也绝不可能逃避客户的眼睛。销售人员要想与客户达成长期合作关系，就要时时刻刻都站在客户的立场设身处地地为他们着想，这样，你良好的信誉不但会为你留住原有的客户，还能为你带来更多的客源。所以，销售人员千万不要因贪图眼前的小利而进行任何不利于客户利益的活动，这样的小聪明只会导致客户对你的不信任，让客户离你越来越远。

其实，销售的根本就是在销售自己，所谓"销售自己"，其实就是让客户信任你，接受你，对你产生好感。事实上，所有的销售，从技能上讲就是不断获得客户信任的过程，一旦客户对你产生了信任，他就非常容易并乐意接受你的产品。

正如世界级推销培训大师汤姆·霍普金斯所说："你要向客户证明，无论大事小事他都可以100%地信赖你，久而久之，一旦你养成信守承诺的美德，以及做的比说的多得多，你就一定能同时得到客户的信赖和订单。"一旦你与客户之间的信任关系建立了，客户就会对你产生依赖感，这就为以后的交易奠定了基础。

所以说，销售人员要想销售成功，首先要将自己销售出去，只有客户对你产生了信任，你就成功了。诚实、有责任感、心态良好是一个优秀销售员的必备素质。客户不会与他不信任的人成交，销售技巧、广告、宣传、售后服务，这些都是赢得客户信赖的一种途径，但所有的基础都源自于销售员内心的诚实与积极态度。

在客户未接受你之前，你与他们谈论产品、销售，他们本能的反应就是推诿、拒绝，让你及早离开。正如勃依斯公司总裁海罗德所说："只有留给人们良好的印象，你才能开始第二步。"

所有的销售高手都是先"销售"自己，再销售产品。在你能成功地把产品销售给客户之前，你必须把自己先销售给别人；而要能成功地把自己销售给别人，必须先把自己百分之百地销售给自己，取得客户的信任。

韩晓是一家香烟公司的柜台销售员，一天，店面来了两位客人，他们指着柜台中单价100元/盒的熊猫品牌香烟，用质疑的口吻问道："从来没有在这买过烟，也不知道这的烟是不是真的？"韩晓听后，微笑地回答道："您放心吧。我们这卖的烟，每条都有它的原厂流水线防伪号。我用紫光灯一照，您就能看到。"在韩晓的热情接待下，两位顾客看完防伪号后，便讨论着先买一盒看看，并说："你忙你的吧，我们再看看。"听顾客这么一说，韩晓便向柜台的另一侧走去，留给顾客一定的考虑空间，并关注着他们的神态。

几分钟后，韩晓又再次来到两位顾客的面前，询问他们的想法，并试图介绍其他品牌的香烟来进行检验，用她专业性的服务证实着她们店中烟的保真信誉。顾客在韩晓耐心的介绍下，并不是很确信地告诉韩晓说："我们想要10条熊猫香烟。"此时，韩晓看出了顾客的疑虑，于是她拿出了10条香烟，并微笑地对顾客说："这是您要的香烟，我为您一一验证防伪吧。"说完便积极地进行验证，顾客在检验的过程中逐渐地露出了欣慰的笑容，并立即决定购买。

在提货时，两位顾客表示，这里的员工很细心，她看出了我的担忧，并用她的实际行动和她的自信排除了我的忧虑。她的这份用心更让我选择去相信她，在这里买东西真的是安心又放心。

客户之所以从你那里购买或与你成交，是因为他们喜欢你，信任你，尊重你。向客户销售产品前先销售自己，就是让客户喜欢你，信任你，接受你。

能不能销售自己，取得客户的信任，是一般销售人员和销售高手的区别所在。一般的销售人员是花10%的时间建立跟客户的信任度，花20%的时间寻找发现客户的需求点，花30%的时间有重点地说明、介绍产品，最后花40%的时间去促成产品的交易。

与一般销售员不同，销售高手要花40%的时间与客户建立信任度，花30%的时间寻找发现客户的需求点，花20%的时间有重点地说明我们的产品，最后只花10%的时间去促成产品的交易。

销售高手花40%以上的时间在与客户建立信任、发现需求，只花一点点的时间去进行产品的说明和产品的成交，这样的销售模式把重心更多地放在客户身上，先赢得了客户的信任，再销售产品。只要赢得了客户的信任，还怕销售业绩上不去吗？

小杨是一位空气净化器的推销员，一次，他去一家公司推销他的空气净化器。他对这家公司的老总说："贵公司里有这么多的电脑同时工作，来来往往的人又多，您觉得这样的空气质量会好吗？据我了解，在空气质量不好的情况下工作，一会降低工作效率，二会影响身体健康。我今天就给您带来了新鲜干净的空气。这是一台崭新的空气净化器，它可以使您的办公室成为一个天然的森林氧吧。"

小杨说了许多拥有空气净化器的好处，可是这位总裁根本就没有买的打算。

无奈，小杨只得把自己的样品收起来并把文件、工具放回公文包里，准备起身离开总裁的办公室。当他走到门口时，对总裁说："不好意思，我最后一次请求您，假如您能回答，我会非常感谢您，因为您的回答对我很重要。"

"我今天没有做成生意，这并不重要，因为我不可能得到每个人的生意，我曾经希望您会买下它，是因为我们的产品确实适合您的需要，然而您还是选择不购买。我很难过，因为我没有好好地解释，让它的优点显现出来。假如您可以指正我的错误，指出我身为一名业务员不够尽职的地方，这样下次当我拜访其他客户时，会对我有很大的帮助。"

这位总裁听小杨这么一说，便随口说道："这并不是你的错，我不想买是因为我不敢确定它是否有效。"

于是，小杨终于知道这位总裁拒绝的原因了。

"那很容易，我可以先让您免费试用两天，如果可以就留下来，如果没有效，我再拿走。"小杨胸有成竹地说。

最后，这位总裁决定留下空气净化器试用两天。第三天，小杨来取空气净化器时，总裁高兴地让财务人员过来跟小杨结账，买下了这台空气净化器。

销售人员在向顾客销售的过程中，顾客心存顾虑是一个共性问题，如果销售人员不能正确解决，将会给销售带来很大的阻碍。所以，销售人员一定要努力打破这种被动的局面，善于接受并巧妙地化解客户的顾虑，只有让客户信任你，信任你的产品，这样客户才能放心地购买你的产品。

所以，在销售的过程中，如何迅速有效地消除顾客的顾虑心理，对销售人员来说是十分必要的。因为聪明的销售人员都知道，如果不能够从根本上消除客户的顾虑心理，交易就很难成功。因此，销售人员在销售的过程中，要尽自己的最大能力来消除客户的顾虑心理，使他们觉得自己所购买的商品物有所值，而且极具品位。

那么，销售人员应该怎样在销售中消除客户的顾虑，赢得客户的信任，让客户感受到忠诚与安全呢？

1. 销售人员在销售产品的过程中，不仅要自信，而且要专业

自信对于销售人员非常重要，它是你精神面貌的直接展示，也在无形中向客户传递了你的信心。试想一位销售人员如果对自己和公司都缺乏信心，要让

客户信任和接受你是很难的。所以在和客户交往中一定要树立这样的信念：自己是优秀的，相信自己能取得最终的成功；我们公司是优秀的，相信我们的产品和服务也是能让客户赞许和受益的。以这样的信念和客户交往，你的言谈举止将处处加深客户对你的信心。

销售人员要想让客户信任你，购买你的产品，除了自信外，还需要一定的专业。也就是说当你和客户交往中，你对交流内容的理解应该力求有"专家"的认识深度，这样让客户在和你沟通中每次都有所收获，进而拉进距离提升信任度。另外，自身专业素养的不断提高，也将有助于自信心的进一步强化，形成良性循环。而我们的自信缺失了"专业"，往往就会给客户留下"华而不实"的印象，逐渐产生逆反和排斥心理。

所以销售人员不仅要具有自信，更要专业。

2. 要想取得客户的信任，销售人员就得懂得帮客户买、让客户选的道理

现实工作中，许多销售人员都会在阐述自身优势时，强调自身是客户的唯一或上佳选择，这在一定程度上表达了必胜信心，但同时也会给客户附加了压力。因为在这样的氛围下，你"先入为主"的结论往往使客户不能和你做轻松沟通，提出选择的建议。因此，丧失进一步沟通的机会，彼此不欢而散。

所以当你详尽阐述自身优势后，不妨不要单方面急迫下结论，而是建议客户多方面了解其他信息，并申明相信客户经过客观评价后会有做出正确选择的。这样的沟通方式能让客户感觉到他是拥有主动选择权利的，和你的沟通是轻松的，体会到我们所做的一切是帮助他更多地了解信息，并能自主做出购买决策。从而让我们有机会和客户拥有更多的沟通机会，最终建立紧密和信任的关系。

3. 在与客户的交谈中，要学会做一个善于倾听的人

生活中，每个人都认为自己是世界上最重要的人，都希望自己能被别人重视。每个人都希望别人听他讲而忘记了要去听别人讲，所以每个人都不能带给对方很重要的那种感觉，大部分这样做的人的人际关系都不太好。你愿意听别人讲话，他就得到那种被重视的感觉。

倾听有多重要，一个对别人感兴趣的人比一个想要别人对你感兴趣的人交到的朋友要多得多。你要去对别人感兴趣倾听，少说多听，这样才能建立信赖感。

4. 销售人员不要吝啬自己的赞美，学会真诚地赞美客户

每一个人都喜欢别人肯定，每一个人都喜欢听到好话，所以你要给别人喜欢的东西，真诚的赞美而不是虚伪的赞美。所谓真诚的赞美，就是讲出别人有但你没有的优点而且是你很羡慕的。

如果你赞美一个人的行为，他就会重复不断地加强那个行为，你批评某一个行为，他就会停止消失那个行为。人会朝你赞美的地方走，人会朝你赞美的地方做，所以你赞美你的客户，能增进你们之间的关系。既然赞美对自己的销售有好处，那又何乐而不为呢？

信任的建立是一个渐进和长期的过程。除非你在每一次销售拜访中都不停地对这个问题加以注意，否则，你就会发现，在一个不经意的时刻，你前期辛辛苦苦建立起来的信任感，顷刻间就会化为泡影。要让客户真正信任，谁也不能一劳永逸！

瞬间成交技巧五

合乎规则，遵守道义

在日常的销售工作中，销售人员在不同的销售环节、针对不同的利益相关者，其责任、义务各不相同，行为也各不一样，反映出职业道德的不同侧面和不同的道德水平。有些不合乎规则，不遵守道义的销售严重损害了客户的利益，也使自己和公司的信誉扫地，最终陷入濒临倒闭的困境。在销售过程中采取道德标准的原因，是为了养成良好的销售习惯。遵守道德标准，才更符合公司和销售人员个人的长期利益。

一个有高尚职业道德的销售人员会恪守销售规则，遵守道义，为客户负责，为自己公司的长远利益负责，不为眼前利益而使自己的形象受损；不为自己的短期利益而使公司的长期利益受损。而销售人员在销售中要做到合乎规则，遵守道义，必须从以下几个方面进行努力。

1. 销售人员要有良好的行为道德

诚信是保证长期销售成功和盈利的策略。当今，你确实可以仗着欺骗的伎俩暂时达成交易，甚至还可以小赚一笔。但是，如果你想终生维持这种互利的客户关系，那诚信销售法是你唯一的选择。

美国营销专家赫克金曾说："要当一名好的销售人员，首先要做一个好人。"这就是赫克金所强调的营销中的诚信法则。一项对于销售人员的调查表明，优秀销售人员的业绩是普通销售人员业绩的300倍的真正原因是与长相、年龄大小、性格内向外向无关的。其得出的结论是，真正高超的销售技巧是如何做人，如何做一个诚信之人。

据销售联谊会统计：70%的人之所以从你那购买产品，是因为喜欢你、信任你和尊敬你。所以，销售人员要想促使交易成功，诚信不但是最好的策略，而且是唯一的策略。

诚信是一个人安身立命的根本，在销售中，可以说诚信是一个销售员最大的资本。

石浩拎着装满去油污剂的大包爬完六层楼梯，第五次挂着满头汗珠地按响那家的门铃，张大妈开门把他让进屋。

石浩怕再次被张大妈拒绝，几乎带着哀求的口气说："我是下岗职工，是靠推销商品混日子的，今天是来求教上门推销商品经验的，不是来推销商品的。"

张大妈听了这番话说："你三番五次来我家够辛苦的，为了不让你太失望，我今天买两瓶去油污剂。但今天仍没空和你谈别的，以后有时间再说吧。"

石浩想到张大妈要买他的去油污剂，感到非常高兴。于是他就像在别人家一样放下提包并打开，要张大妈随意取一瓶开盖，先在厨房排油烟机上做试验。当看到一处油渍转眼消逝时，张大妈当即夸赞："这东西去污效果很好呀，我买10瓶。"石浩马上说："这种去油污剂有效期短，过了期就会失效，你先买两瓶用着，等你用完了给我打电话，我会随时给你送过来的。"

"好，听你的，就买两瓶。"张大妈随即掏口袋付钱，两瓶50元。

回到家，石浩清点当天的收入，发现货款不符，多收了50元，显然是买主错给他的。他心里不安起来："怎么能多拿人家钱呢，这是不义之财！"他决定给人家退回去，可是是谁错给他的呢？

他回忆今天所有的买主，马上出发，逐户询问。好在今天买主只有六户，当前五户都回答没有错给他钱后，他又到了张大妈家。

张大妈听他说明来意后，告诉他这钱是她错给的，是有意错给他的，是将一张百元整钞当50元给了他。

石浩有点生气地说："你……你要我！"

张大妈摆手："小伙子，我这不是要你，是测试你，你不是要学习取经吗？告诉你，你已经踏上成功之路了，不需要什么经了。"

石浩若有所悟，情不自禁地向张大妈鞠了一躬说："谢谢。"

之后，石浩推销的去油污剂日渐增多。后来，石浩有了自己的公司。

人应以诚信为本。诚信是赢得客户的基本保证。一个人如果没了诚信，一两次交往之后，谁还能相信你？随着你的信誉度的下降，你只能走向失败。

李嘉诚认为，做生意跟做人一样，必须有自己坚守的原则。诚信，就是商人必须恪守的一个底线。他说："我对自己有一个约束，并非所有赚钱的生意都做。有些生意，给多少钱让我赚，我都不赚；有些生意，已经知道是对人有害，就算社会容许做，我都不做。"

日本松下幸之助说过，诚信既是无形的力量，也是无形的财富。的确，诚信是看不见摸不着的，它是存在客户心中的，只有客户心中认为你是诚信的，你们才有合作的机会。

2. 销售人员在推销产品的过程不要掩藏产品的缺陷

每一件产品都存在一定的缺陷，这些缺陷对你的推销存在着诸多不利的因素，多数时候，它是你推销失败的罪魁祸首。其实，当你在推销一件产品时，如果能很好地利用这些不利因素，你就能把失败扭转为成功。

小赵是住宅房屋的推销员。有一年，某房地产公司在铁路附近开发出了一片住宅区。

这片拥有20幢房屋的住宅区，其售价定为1500~2500元之间。经过数年之后，还有22间房屋没有售出。你由此可以猜出，它们必然有着与众不同的地方。因为距离这批房屋2里的地方有一道围墙，围墙之外便是铁路，24小时之内火车会经过3次。

于是，销售就想与这家开发商合作出售这批房屋，但却遭到了拒绝。

几个月过后，小赵驾车从开发商的办公室旁经过时，便下定决心要与他约定一个会面时间。令小赵惊讶的是，他居然同意谈谈。由于这22间房屋至今无人问津，很明显地，他愈来愈为此焦虑不安了。

开发商一开始就对小赵抱怨道："你一定是要我削价出售这批房子，这便是你们这些房屋推销员最常做的事。"

"不，恰恰相反，我建议你抬高售价。还有一点，我会在这个月之前将整批房子卖出去。"

"它们已经在那里躺了两年半之久，你现在告诉我你会在一个月之内将它们全部卖出去？"他不相信地说道。

"请允许我对你详加解释我会怎么做。"小赵说。

"请便。"他说，同时将他的背往后舒适地靠在了椅子上。

"就像你所知道的一样，先生，每当一名房屋经纪商开放一间待售房屋时，人们便可在任何时间前往参观，"小赵说道，"可是我们将不会这么做。我们将一批一批地展示这些房子，就在火车驶过的那个时候展示。"

"你疯了吗？"他大声吼叫道："我们起初之所以无法卖出这些房子，就是因为这火车。"

"请让我说完，"小赵平静地回答他说，"我们准时在每天早上10点和下午3点开放房屋让人参观，这样必会引起人们的好奇心。我建议在展示的房屋前面挂上一个牌子，在上面写着：此栋房屋拥有非凡之处。敬请参观。"

小赵继续说道，"我要求你将每户的价格抬升1000元，然后用这笔钱为每户买一台彩色电视机。"在那个时候，拥有一台彩色电视机是一件十分了不得的事，绝大多数人都还只有黑白电视可看。简直是令人无法置信，开发商还真的同意了小赵的计划，购买了22台彩色电视机。

在每次"参观"开始之后的5~7分钟，火车会从罗斯利路旁隆隆驶过。这样，在火车轰轰驶来之前，小赵只有几分钟时间对买主们进行推销。

"欢迎！请进！"小赵在门口招呼人们进来。"我要各位在这个特别的时刻进来参观，是因为我们罗斯利路上的每一栋房子都有着独一无二的特点。首先，我要你们听听看，然后告诉我你们听到了什么。"

"我只听到冷气的声音。"总会有人这么回答。

很自然地，小赵的问题也引发了听众相当好奇的表情。如果表情会说话，那一定是在说："这里会有什么？这个人到底要做什么？"

"没错，"小赵回答，"但是如果我不提出来，你们也许不会注意到这个噪声，因为你们早已习惯冷气机的声音了。然而，我很确定当你们第一次听到它时，这个声音一定会引起你的注意。你会发现，一旦习惯了噪声之后，它们就不会对我们造成困扰。"

接着小赵带领人们走进客厅，指着那台彩色电视机说："开发商将随同房子将这台漂亮的彩色电视机送给你们。他这么做是有道理的，他知道你们将不得不适应一段90秒钟的噪声，一天3次，但是很快地你们会感到习惯。"

此时，小赵转身将电视打开，将它调整到正常的音量后说："想象一下你和你的家人坐在这里，观看电视的情形。"接着小赵便停下来，等待由远而近的火车隆隆驶过。在这段90秒的时间里，每个人都很清晰地听到了火车的声音。

"各位，我要让你们知道，火车一天经过3次，每次90秒钟，也就是一天24小时中共有四分半钟的时间火车会经过，"我在叙述一个事实，"现在，请问问你们自己：我愿意忍受这点小噪声——我当然会习惯的噪声，来换得住在这栋美丽的房子中，并且拥有一台全新的彩色电视机吗？"

就这样，3周之后，22栋房子全部售出。

销售员在推销的过程中，如果忽略了商品的缺陷，那只是让他的推销工作更加艰难。因此，永远不要将产品的缺陷当作一项秘密。因为这是一种欺骗行为，也许客户已经知道这个缺陷，但你在介绍的时候并没有明说，对方会认为你在有意隐瞒，势必导致你的信誉丧失。

所以，在客户对你提出任何问题之前，你要对每一个不利点做好心理准备，将缺点当着客户的面提出，从而将其转化成优点。

3. 不要攻击自己的竞争对手

销售人员当评价竞争对手时，有一些人往往带有一定的主观色彩，这种感情色彩自然是消极和贬义的。贬低竞争对手难道真的就可以抬高自己吗？其实并非如此。

对于竞争对手的评价，其实最能折射出销售人员的素质和职业操守。你最好保持客观公正的态度评价竞争对手，不隐藏对手的优势，也不夸大对手的缺点，让客户从你的评价中既可以了解相关的信息，也可以感受到你的素质和修养。

带有明显主观色彩地贬损竞争对手并不能使你的身价抬高；相反，这更表明了你对竞争对手的嫉妒和害怕。客户很少会因为你的贬损而购买你的产品，即使他们会暂时相信你的话，等到发现事实真相之后，他们也会更加鄙视和远离你。

小严是一家房地产公司的推销员，业绩非常突出。他的一位名叫小钱的同事对小严取得的超高业绩感到非常嫉妒，他把小严视为事业发展道路的眼中钉。

一次，小钱接待了一位有意向购买三套房子的客户，这位客户是小严的一位老客户介绍来的，因此，他希望能够由小严为他提供服务。但当时小严并不在场，而且根据房地产交易所的规定，客户一般情况下应该由第一次接待他的交易员接待，于是小钱开始带着客户四处看房子。

在带着客户四处转时，小钱一有机会就向客户贬低小严，他说小严为人虚伪狡诈，而且有过欺骗客户的经历等。可出人意料的是，第三天客户打来电话，说他不准备通过这家房地产交易所购买房子了，原因是"连小严那么优秀的交易员都如此不可信，那么这家公司一定不值得信赖"。

得知了事情真相的交易所经理当即辞退了小钱，而交易所的损失却难以挽回了。

竞争对手和你的关系并不是如水火般势不两立，由于客户需求和自身产品特点之间的差异，竞争对手之间常常可以取长补短，互通有无。

如果销售人员能将那些需求特点更符合竞争对手产品的客户大大方方地出让，这绝对不是给自己拆台，更不是"长别人志气，灭自己威风"，而是真真正正站在客户的立场上为满足客户实际需求而服务，你的这种付出一定会获得相应的回报——客户会充分感受到你对他的好意，当他们下次有需求时一定会首先考虑到你，而且他们还可能为你带来更多的客户资源；竞争对手也会因为你的大度而不再吝惜那些不适合他们而却非常适合你的客户资源。可以说，这是一种多赢的良好结局，而这一切都必须建立在真心诚意为客户着想、为客户服务的基础之上。

总之，如果你想从竞争对手那里获得客户资源，那就要将不适于你、更适于他们的客户介绍到他们那里，这无论对你自己、对客户还是对竞争对手来说都具有非常积极的长远意义。

4. 要说到做到

销售人员一定要将自己对用户承诺的事办到。不管事情大小，包括很小的事，也不要忘记。不要忘记自己对客户的承诺，这有助于给客户一个信守承诺的印象，从而使他在较短的时间内建立起对你的信任。

5. 作为销售人员，应当培养对客户负责的责任感

销售人员销售给客户的产品，就有对其负责的义务，俗话说得好："卖了就要扶秤。"既然是你销售的产品，你就要做好售后服务，客户在使用过程中遇到的问题，不管什么原因，你都要积极解决。只有这样才能树立你的威信，为你以后的销售开辟更为宽广的道路。

在销售过程中采取道德标准的原因，是为了养成良好的销售习惯。遵守道德标准，才更符合公司和销售人员个人的长期利益。所以销售人员在销售的过程中一定要合乎规则，遵守道义，这样才能有机会赢得更好的业绩。

瞬间成交技巧六

借力权威成交

客户都有相信权威、专家或行家的心理，因为权威和专家的话，比普通人的话更有分量。所以，作为销售员，如果想让客户对你说的话更加相信，对你这个人更加相信，那么你最好显得有较强的专业性，这样才能有"权威性"，才能更容易说服你的客户。

权威是指更有威信、更有可信度的人。心理学家发现，在日常生活中，人们更容易听信"权威人物"的话，哪怕有时即使他们是错的，也会盲目跟从。下面的这个实验就证明了这种现象。

一次，在某大学心理系的课堂上，教授向学生们介绍了一位来宾——施米特博士，说他是世界闻名的化学家。施米特博士打开皮包，拿出一个装着液体的玻璃瓶，对学生们说："这是我正在研究的一种物质，它的挥发性很强。当我拔出瓶塞，它马上会挥发出来，但它完全无害，气味很小。如果你们闻到气味，就请立刻举手。"说完，博士就拔开了瓶塞。一会儿，学生们从第一排到最后一排，都依次举起了手。

这时，教授告诉学生们："施米特博士刚才展示的物质是蒸馏水，而施米特博士也是本校的一位老师扮演的，并不是世界闻名的化学家。"

大家都知道，蒸馏水无色、无味，但为什么学生们都闻到了一股气味呢？那是因为这些话是"世界闻名的化学家"说的，所以他们就认定是对的，即使没有闻到，也觉得自己闻到了。通过这个实验，体现了权威效应对人们的影响。

"权威效应"的普遍存在，首先是由于人们有"安全心理"，即人们总认为权威人物往往是正确的楷模，服从他们会使自己具备安全感，增加不会出错的"保险系数"；其次是由于人们有"赞许心理"，即人们总认为权威人物的要求往往和社会规范相一致，按照权威人物的要求去做，会得到各方面的赞许和奖励。在现实生活中，利用"权威效应"，还能够达到引导或改变对方的态度和行为的目的。

在销售中，如果销售员能在自己的领域里显出较强的专业性和权威性，就会使自己的话更有说服力。下面我们来看看销售员小郑是怎样在销售中显示自己的专业性的？

小郑："您好，请问张主任在吗？"

张主任："我就是，您是哪位？"

小郑："我是某公司打印机客户服务部的小郑，我这里有您的资料记录，你们公司去年购买了我们公司的打印机，是吗？"

张主任："是的。"

小郑："您购买的打印机保修期已经过了半年了，打印机现在的使用情况怎么样呢？"

张主任："好像让你们来维修过一次，后来一直挺好的。"

小郑："今天给您打电话，是想跟您说一声，这个型号的打印机现在已经不生产了，以后的配件也比较昂贵，提醒您在使用时要尽量按照操作规程，您在使用时阅读过使用手册吗？"

张主任："没有，不会这样复杂吧？"

小郑："其实，还是有必要的，如果不仔细阅读使用手册也没有关系，只是打印机的使用寿命会短一点。"

张主任："这倒没什么，只是我们最近的业务比较多，如果坏了怎么办呢？"

小郑："这个不用着急，我们还是会上门维修的，但要收取一定的费用。"

张主任："我问你一下，现在购买一台新型的打印机要多少钱？"

小郑："现在的最新型号是5800，也就是您现在使用的3800的升级版，不过使用什么型号的打印机完全要看您一个月的打印量。"

张主任："最近的量开始大起来了，有的时候超过1000张了。"

小郑："要是这样，我还真要建议您考虑5800了，5800的建议使用量是一个月A4正常纸张5000张，而3800的建议月使用纸张是1000张，如果超过了就会严重影响打印机的寿命。"

张主任："您能否给我留一个电话号码，过一段时间我可能考虑再买一台。"

小郑："好的。对了，您是老客户，如果再购买我们的产品，可能还有一些特殊的照顾，不知道您什么时间才能确定要购买。"

张主任："什么照顾？"

小郑："5800型号的渠道销售价格是5000元，如果作为3800的使用者购买的话，可以按照八折来处理。要不您先考虑一下，等确定下来再和我联系。"

张主任："稍等，我算一下，我在另外一个地方的办公室添加一台打印机会方便营销部的人，那就定了吧，是您送货还是我们去取？"

小郑："都可以，如果您不方便，还是我们送过去吧，以前也去过，容易找的。看送到哪里，什么时间比较好？"

……

后面的对话就是具体落实交货的地点、时间等事宜了，这个销售人员只是打了一个电话，花了大约30分钟，就完成了一台打印机的销售。在这段对话中，销售人员在介绍打印机时，从非常专业的角度为客户介绍了新的打印机，并提示了公司的优惠政策，因此成功是必然的。

几十年以前就有人说过："这是一个专家的年代。魅力和良好的教养，其价值是每周30美元；超出的部分只有少数人能得到，他们是那些熟知自己事业的人。"所以，作为一名销售员，如果想让客户对你说的话更加相信，对你这个人更加相信，那么你最好显得有较强的专业性，这样才能有"权威性"，才能更容易说服你的客户。那么怎样才能看起来像个权威呢？

1. 具有完备的专业性知识

销售人员要想看上去像专家，就要做到专业化。而一个销售人员要想达到专业化，就需要具备足够的商品知识、销售技术方面的知识。在现代的商业社会中，知识比金钱更为重要。今天的知识创造着明天的财富。成为你所选定的任何学科方面的万事通，将给你的销售带来灿烂的未来。现代的客户要求产品具有以信息形式存在的附加价值。

在今天这个高科技的信息社会中，那些成为其产品或服务方面专家的销售员们，将会在市场上取得成功。客户们需要事实和信息，因为他们要确定他们正在做出正确的决定。为此，他们必须依赖于你的知识。

某大型公司通过询问自己的大客户，得出的优秀销售人员的最杰出特质就是具有完备的产品知识。

那么，作为一个追求卓越的销售人员，你必须具备什么样的专业知识呢？概括来说，这些知识包括以下几个方面。

（1）产品知识。

销售人员只有了解了产品才能向客户准确地介绍产品。不仅要把产品说明书读懂，必要的时候，还要亲自操作一下产品，或者试吃、试用产品。

销售人员亲身使用产品后，必将会从一个消费者的角度评价产品，并对产品的特性、价值有深刻的认识。这样，在给客户推销、讲解时就会有翔实的第一手产品资料，讲解的内容也更有说服力了。

另外，你还要了解产品的安装与使用知识。当客户对一个产品的认识还处于陌生状态的时候，往往会把事情想象得非常复杂。由于害怕这些复杂的事情，他们往往会放弃购买新产品。

老张的公司有一位客户请他们帮忙设计公司网站，客户那边一个负责的女孩一定要他们帮助她来购买网站空间，让他们来帮助她设置企业邮箱。后来经过沟通了解到，原来她从来没有做过这些事情，以为这些是很复杂的，害怕做错，所以请他们来帮她。当老张把邮局汇款、网络开通、网络公司会有专人来提供相关服务的整个办事流程给她解说一遍后，她才放心了，高高兴兴地自己去办这件事。

从某种意义上讲，销售人员的工作是通过自己所了解的商品知识为客户创造利益，协助客户解决问题的。为此，销售人员必须坚持不懈地、全方位地、深层次地掌握充分而专业的产品知识。

一般来说，消费品的销售人员只需知道很少的关于产品的技术性能方面的信息即可。然而，向那些具有很高专业知识水平的客户销售高技术产品，则需要销售人员具有广泛的知识。

所以，你对产品的知识掌握得越多，越有助于你快速赢得客户的订单。说服客户，不是靠强硬的语气，也不是靠威逼利诱，而是靠丰富的知识，才能让客户心服口服。

（2）公司知识。

销售人员其实就是企业的对外形象大使。无论公司的口号多么响亮，如果你在客户面前萎靡不振，客户也会认为这家企业不怎么样，从而不接受这家企业的产品。

对你的公司的熟悉和了解通常能够使你表现出专业的形象。所有销售人员均需了解公司的背景以及目前的经营政策。这些政策是你目前工作的方针，你必须理解它们，以便使你的工作更加高效。对公司的了解还包括诸如这些方面的信息：公司的工作程序、分销系统、促销行为、定价操作，以及指导这个公司到达目前发展状态所采取的方针策略等。这些都是你需要经常在销售陈述中所要使用到的。

（3）竞争对手信息。

客户在做出购买决定之前，一定会对各个厂家的产品进行比较。在大多数情况下，客户并不是决定买还是不买，而是决定在众多的商家之中，究竟该买哪一家的。因此，你必须清楚地知道竞争对手的情况，打消客户的疑虑，坚定他们的购买信念。

在销售过程中，客户常常会对竞争对手的产品提出问题或做出评价，你的任务之一就是保证客户能够得到真实而详细的信息。而你对竞争对手产品的价格、质量及附加服务的了解，将有助于向客户澄清你的产品是物有所值的。

（4）行业知识。

每个行业都有一定的竞争对手，而客户在购买产品时也一定会对生产这些产品的厂家进行比较。所以，作为一名销售员，一定要具有丰富的行业知识，这样才能够应对客户的提问，解答客户的疑虑。

对本行业的深入了解将使你洞察消费者的需求和偏好的变化，新的发展可能使某些消费者的重要性减弱。也许有一批新的客户崛起，在你的行业中扮演重要的角色。成功的销售人员应注意这种潮流变化，并抓住一切有利时机。

李先生是一家韩国洗车机企业的销售总监。一次一位来自东北的省级大客户准备做李先生公司产品的东北独家经销商。那位客户是有备而来的，一落座就咄咄逼人地向李先生抛出了几个问题。"你的产品为什么售价一台2万，而市场上国产的同类产品才售价8000元？既然说你们的产品这么节水，那比用水洗车的机器好在哪里？这么贵的产品，而且是新的工作原理，怎么才能把它销售出去？"

对于这几个问题，李先生并没有慌，他早已做好了周密的准备。"产品售价高，第一在于它非常节水，是市面上最节水的洗车机，洗一辆汽车只需要一杯水；第二在于它的主要零部件全部进口于德国、日本，精密程度可以使设备的寿命长达7年，比国产设备长两倍左右。国家刚刚出台了关于限制洗车用水的法规，节水是趋势。国家对于下岗职工从事环保产业有政策和资金的支持，我们可以请银行来做贷款支持，让下岗职工分期付款。您看还有什么疑问吗？"

在李先生的回答中，不仅包含了对竞争对手的分析，还有对国家政策的掌握，而且还为他的产品销售出谋划策。说得客户不住点头，解除了所有的疑虑，正式签约，一次就进了100台洗车机。

行业中有很多问题值得你去考虑，这同时也帮你找出了事业的发展方向。比如你可以试着回答这些问题：行业中的供应者和购买者有什么性质？这种性质有变化吗？客户对价格还是对服务更敏感？从别的途径能找到本类产品的替代品吗？技术将如何变化？这个变化对本行业和本公司有什么影响？新公司会进入这个行业吗？

2. 销售员知道的一定要比顾客多

销售人员只有充分了解了自己的产品，才能显得比客户有更强的专业性、权威性，才能让客户对你产生高度的信赖。如果你对自己的产品知识模糊、模棱两可，客户一旦发现，就不愿和你交流了。假如你是个房屋销售员，你最好具有一流建筑师的品鉴能力；如果你是位汽车销售员，你最好成为不错的汽车保养员；如果你是位服装销售员，你必须对最新的时装流行式样了如指掌……因为只有这样，你才能给客户讲清楚各类产品的特点，从而帮助客户进行选择。

身为销售员，对于有关销售商品的知识都应积极涉猎。生活在现代的信息社会，客户往往对各项商品有着丰富的知识。如果你的商品知识不足，那么客户面对你时，三言两语就能把你打发掉。所以，从程度上来讲，销售人员对客户不知道的应该知道，对客户知道的应该知道得比客户更清楚、更正确，这就叫作专业性。如果客户知道的比你知道的还多，甚至比你知道的更清楚、更正确，那么你还够专业吗？你看起来还像个专业的销售员吗？如果不能当人家的顾问，那么你还怎样将自己的产品销售出去？

3. 多元化的知识结构

当前的销售员除了要知道自己的主业以外，还要知道很多周边的知识。有个名词叫作"多元化"，现在是一个多元化的时代，作为一个销售员，不能够只懂一点点东西，除了了解自己所卖的这个产品之外，所有与它相关的知识也要尽可能多地了解。比如，你在某地乘坐出租车，如果司机只知道路怎么走，却对本地的文化与历史并不是很了解，坐在出租车上乘客随便指一个建筑他却讲不出来，随便问一个问题他也答不上来，那么这个司机就只懂开车，而不是一个好司机。

因此，销售人员要想做一名优秀的销售员，多元化的知识是自身应该具备的。也就是说你的知识了解程度要比别人深，范围要比别人广。成功的销售员不仅应了解自己的产品，还应该对边缘产品和同类产品了如指掌。这样，面对客户时，你才能对答如流。当客户对你说："你们的机器没有某某牌的机器好。"如果你对自己的产品和某某牌的产品都很了解，就可以有的放矢地去反驳客户的意见，并趁机展示自己产品的优势，而不是在尴尬中使交易泡汤了。

销售人员还常常遇到客户这样的反对意见："你们的价钱太贵了！"这时，如果你有充分的产品知识，就可以强调产品的品质和价值，或许可以使客户觉得，产品虽然贵，但是物有所值，从而转变看法。

4. 顾客需要高质量的信息

在服务经济中，消费者要求得到更好的服务和更多的价值，而这又转化为对优质信息的永不知足的需求。他们想要知道一切，从得到满足的客户的姓名，到制造材料再到竞争对手的产品，还想知道整个行情及该行业的最新发展。他们阅读最新的广告、专业报纸及消费者杂志。他们想知道有关你的产品或服务的一切！

每天都有一些人研究信息并利用它们赚钱。安东尼·范格兰从荷兰度完假回到约翰内斯堡时，发觉自己竟错过了北海爵士音乐节，因为他当时不知道音乐节就在他去度假的当月举行。他在想，到底有多少人因缺乏对其即将去造访的国家所发生的事情的了解，而有过相似的令人失望的经历呢？于是，他就给几家旅行社打了电话，结果发现他们对所发生的事也是全然不知。因此他投资买了台电脑，推出了"旅行者日记"，刊登详尽且定期更新的信息，包括西欧各国的重要音乐会、事件、贸易博览会和展览会等。不久，南非各地的旅行社都成了其客户。

安东尼的故事只是许许多多例子中的一个。如果你对你的产品或服务了如指掌，你就会有办法将这些信息运用在销售说明中。你这种信息交换的结果，将使你有更好的销售表现及博学多闻且心满意足的客户，而且将来他们很可能会再回头向你购买。

作为一名销售人员，拥有再多的知识也不够多。关键是在面对客户的时候，不要"说得过多"，把客户最关心的信息说出来即可，要让自己看上去像个权威和顾问。

瞬间成交技巧七

优质服务招来大订单

对于销售来说，客户的满意度是销售人员最应该注意的地方，而如何才能让客户更加满意，服务起着很重要的作用。优良的服务就是优良的推销，销售中最好的推销就是服务。当你提供稳定可靠的服务，与你的客户保持经常联系的时候，就能建立稳固的顾客群，同时也会为自己赢得良好的声誉。

做销售就是做服务，纵观世界上最成功的公司以及最成功的销售人员，也都是最关心顾客，服务质量最好的公司和销售人员。

IBM公司的前营销副总裁巴克·罗杰斯曾说过："我们在乎的不是把一件事做到100％的好，而是使100件事都能有1％的改进。推销的魅力往往体现在有礼貌地应对顾客的电话等微不足道的小事上，让顾客得到满意的答复，而我们所认为的小事，对顾客来说可能是大事。"巴克·罗杰斯所说的话，听起来好像没有什么动人之处，甚至有人会认为是没有新意的老生常谈。然而，它却是一个销售员比其他销售员更卓越、更成功的主要原因。

销售人员如果不懂得服务的真谛，也不能时时反思如何把握顾客的心理，就很难在竞争激烈的市场上立足。

对于销售来说，客户的满意度是销售人员最应该注意的地方，而如何才能让客户更加满意，服务起着很重要的作用。

戴尔电脑公司极为重视对顾客的服务，公司总经理说："顾客不只是国王，还是上帝。"戴尔公司的员工都知道"247"的工作理念，所谓"247"就是一天花24小时；"7"就是一个星期7天做一切能满足顾客的事情。当任何一位顾客有问题时，员工必须立即放下手边的工作，去解决顾客的问题，一位顾客在戴尔公司购买了一部个人电脑，而在有效服务期限的最后一天出了问题，那天还是星期五，而顾客必须在当天取得那部电脑，而当天，并没有顺路的运输车辆。结果，戴尔公司的推销员最后摆脱正常的运作系统，干了一项额外的差事：他亲自开车到工厂，将修好的电脑送到顾客的家中。

真心关心顾客的需求，一切为顾客服务，戴尔的服务让顾客口碑相传，戴尔也因此得以在竞争激烈的电脑市场中占有一席之地。销售就是帮助顾客解决问题。所以，你每一天都要想你能帮助顾客解决哪些问题，顾客有哪些要求是没有被满足的。

因此，无论你推销什么，优质服务都是赢得永久客户的重要因素。当你提供稳定可靠的服务，与你的客户保持经常联系的时候，无论遇到什么问题，你都能与客户一起努力去解决。但是，如果你只在出现重大问题时才去通知客户，那你就很难博得他们的好感与合作。推销员的工作并不是简单到从一笔交易到另一笔交易，把所有的精力都用来发展新的客户，除此之外还必须用很多时间来维护好与现有客户之间的关系。遗憾的是，很多销售人员认为替客户提供优质服务赚不了什么钱。表面上看，这种观点似乎很正确，因为停止服务可以腾出更多的时间去发现、争取新的客户。但是，事实却截然相反。人们的确欣赏高质量的服务，他们愿意一次又一次地回头光顾你的生意，更重要的是，他们乐意介绍别人给你，这就是所谓的"滚雪球效应"。

托德·邓肯曾告诫销售人员："服务，服务，再服务。为你的客户提供持久的优质服务，使他们一有与别人合作的想法就会感到内疚不已！成功的推销生涯正是建立在这类服务的基础上的。"

有这样一种推销员，他们处心积虑地到处寻求更好的方式，以取悦他们的客户。不管推销的是什么产品，他们都有一种坚定不移的、日复一日的服务热情。各行各业的佼佼者都是如此。

当你用长期优质的服务将客户团团包围时，就等于是让你的竞争对手永远也别想踏进你的客户的大门。

其实，赢得终身的客户靠的不是一次重大的行动，要想建立永久的合作关系，你绝不能对各种服务掉以轻心。做到了这一点，客户就会觉得你是一个可以依靠的人，因为你会迅速回电话，按要求送上产品资料等。这些事情听起来很简单，而且对于长期为客户提供优质服务的销售人员来说也并不是什么困难的事，但它确实需要一种坚持不懈、持之以恒的精神。

销售人员应该懂得，通过对零售商们提供各种服务是能够使自己的生意兴旺发达起来的。充分认识到客户的价值，在拿到第一份订单之后，一直与客户保持密切合作。一个优秀的推销员不仅会定期做存货检查，而且还建议零售商削价处理滞销品，他还定期和其他推销员举行会议，共商推销妙策。除此之外，他还亲自设计广告创意，建议零售商们实行那些在别的城市被证明行之有效的广告促销方法。

赵阳有一位朋友叫马军，在日本待了几年后，打算回北京开一家日本料理店，请赵阳帮忙选一下开店的地址。

赵阳和马军开车跑遍了全城，最后选出6个不错的地址，作为开店的候选地。然后他们将这6家店面的位置、环境、布局等各方面的优点和缺点都详细地列了出来，通过反复对比，最后确定了2家。

接下来，马军请专门的市场调查咨询公司，对2个准店的市场潜力进行了专业性的调查，并提交了调查报告，根据专家的意见，最后终于将开店的地址确定了下来。

店面装修好后，马军就邀请赵阳去参观。赵阳进去之后，第一感觉是舒服，第二感觉还是舒服。赵阳发现，自己作为顾客，能想到的、能提出的要求，店里都帮你做好了。有一些顾客没有想到的，店里也帮你做好了。面对如此周到的服务，马军还是不放心，所以就请朋友们过来提意见。

赵阳看着马军，觉得有些不可思议，说："要是换成我，现在早就开店赚钱了。你快开业吧，早一天开业，就早一天赚钱。"

可是马军说："不行，正式开业，在一个星期之后。从明天开始，我请朋友们来这里吃饭。但是，饭不能白吃——大家吃完之后，每个人至少得提出一条意见。"

听他这么一说。朋友们都问："为什么？"

他说："我在日本餐馆考察时，他们永远不会让客人等候超过5分钟。他们不会让客人有任何不满意的地方。假如现在开业，我还没有把握。因此，我请大家来提意见。"

"你这是客气。你要知道，这里是中国。赶快先开业吧，发现问题随时纠正就行了。"

"不行。我不能拿顾客做实验。在日本的考察经验是：开业前10天的顾客，绝大多数都会成为固定的回头客。如果前10天留不住顾客，这店就得关门。"

"为什么？一个新店，有一点不足很正常嘛！有问题下次改正不就行了吗？"

"真的不行。在日本，没有下一次，只有一次机会。我刚到日本的时候，觉得日本人好傻，你说什么他都相信，如果想骗他们，其实很容易。但是，他只会上一次当。以后，他再也不会和你来往。如果是你本人的原因犯了错，你就得离开，根本没有下一次机会了。"

听到这里，赵阳明白了马军的做法。他就是要一次成功，这是他第一次开店，也是最后一次开店。绝对不允许失败。

记住，人性化服务是你的卖点，这不仅在服务业中适用，在你推销商品时同样有效。

推销员业绩的好坏，不在产品本身，服务才是主导因素。如果你服务良好的话，当你从事销售工作两年以后，你的生意将有80%来自现有顾客；另外，无法提供良好服务的推销员，绝对无法建立稳固的顾客群，也不会有良好的声誉。

销售人员接到订单只是一个开始。在今日的商业世界中，不做售后服务的人，可以说完全没有生存的空间，良好的售后服务是销售的一部分，体会不到其重要性的人注定要失败。

推销大师原一平说："推销前的奉承，不如推销后的周到服务，这是制造永久客户的'不二法门'。"所以，无论你拥有多么好的商品，如果服务跟不上，客人便无法得到真正的满意，甚至当服务方面有缺陷时，会引起客户的不满，从而使商品自身的吸引力大打折扣。

托德·邓肯认为：优良的服务就是优良的推销，销售中最好的推销就是服务，不能只开门而无服务，服务要有所为有所不为，做到贴心的服务让顾客心想事成。

杜涛是一家公司的业务经理，负责复印机推销与服务的部门。杜涛从学校毕业后就一直从事关于复印机的推销工作，一晃七年过去了。在这七年的时间中，他由修理复印机的助理员晋升到推销部的经理，这对一个年仅28岁的小伙子来说，并不是一件容易的事。原本他只想找一份自己感兴趣的工作，没想到却一头钻进了销售中。

杜涛在学校读的是机械专业，他之所以进公司，只是抱着对机器维修的那份热情与喜爱。因为他从小就喜欢拆拆拼拼，不知道已经拆坏了多少东西。但是，这拆拆拼拼的过程使他渐渐对机器维修产生了兴趣。

抱着这种想法进入公司的他，开始非常认真地学习修理复印机的技术，所以，他的维修技术非常高，客户的复印机出问题都找他修理。当然，这其中还有一个原因，他待人和气，自然也就赢得了客户的好感。许多老客户都主动地为他介绍新客户，而他则因为不是推销员，报价时总是尽量为客户争取最佳价格，客户只要一对比就知道他所提供的价格最合理，于是他的业绩因此逐渐地拓展开来，并在年度推销中获得了总冠军，他为此不但受到了上司和同事的肯定，同时更赢得了客户的认同。

同事们纷纷问他成功的秘诀，他简单地答道："其实最好的推销就是服务。"因为他的成功，几乎没有主动去拜访过一个客户，大部分的业绩都是由客户相互介绍来的，所以他几乎是毫不费力地就将自己的业务拓展开了。虽然面对不断而来的客户群，使他显得十分忙碌而且疲惫，但心中却充满了希望和成就感，因为他知道：每一个成交的客户，如果可以持续得到良好的服务，将来都会为他带来新的客户。如此周而复始的结果使他的业绩不断提高。

杜涛的成功绝不是偶然的，他用良好的服务为自己带来了很多客户，同时也给自己带来了成功。所以说，推销除了要推销好的产品外，还要具有良好的服务态度。

寿险推销大王乔·坎多尔弗也非常注重成交后的服务，在他看来，"优良的服务就是优良的推销"。他说："要想与那些优秀的推销员竞争，就应多关心你的顾客，让他感到在你这儿有宾至如归的感觉。你应该建立一种信心，让他永远不能忘掉你的名字，你也不应该忘记顾客的名字。你应确信。他会再次光临，他也会介绍他的同事或朋友来。能使这一切发生的方法只有一个，就是你必须为顾客提供优质服务。"

但有些目光短浅的销售人员认为服务是一种代价高昂的时间浪费，其实这种观点是完全错误的。我们必须正视这样的事实：服务质量是区分一家公司与另一家公司、这位推销员与那位推销员、这件产品与那件产品的重要因素，在我们高度竞争的市场经济体制下，没有一种产品会远远超过竞争对手，但是，优质服务却可区分两家企业。一旦你为顾客提供了优质服务，你就会成为令人羡慕的少数推销员中的一员，你比你的竞争对手更具优势。

但推销员在推销过程中，应该注意的是，服务并不是为顾客包办一切，而是择其重点，取其精要，有所为，有所不为。

服务内容不是任何情况下都整齐划一的，服务不存在一个标准的模式。不同的顾客、不同的消费目的、不同的消费时间与不同的消费地点，顾客对服务的要求是有差别的。所以，服务应区分对象而有不同的层次。

不同的销售经营方式对所提供的服务内容也不相同，这些服务有主次之分。有些服务必不可少，为主要服务，目的在于满足顾客的基本期望；有些服务根据需要灵活设置，为辅助服务，目的在于形成特色，各种行业以各自的服务特色满足着不同消费者的不同期望。

服务的竞争是一个多样化的，没有统一的模式，每个销售人员都可以选择自己独特的服务方式。然而，不管你选择什么样的服务模式，都必须围绕着购买这一环节来进行，其首要一点就是为顾客提供满意的产品。因为销售人员的最终目的是让顾客购买产品，无论你的销售态度多么热情，离开购买这一环节，服务便成了无源之水。

人们常说心想事成，销售人员应该知道如何让顾客心想事成，也就是要了解顾客的心中所想，做到贴心服务。贴心服务涉及的领域，有精神上的，也有物质上的。

其实，作销售就是作服务。如果你想成功的话，请问你有他们服务做得好吗？所以现在赚不到钱只有两个原因：一是你服务的人数不够多；二是你服务的品质不够好。不要总是推销产品，而是思考如何给更多的人提供更好的服务。一个推销员只有具备自我推销意识才可能去为顾客提供服务。那么，推销人员在向顾客推销自己时，如何推销自己的服务意识呢？

1. 销售人员要为顾客提供文化方面的服务

推销人员可以对顾客说明能够提供知识上的服务。以推销保险为例，推销人员除了向顾客介绍保险的效益外，还要提供建设性的意见。

2. 销售人员还要为顾客提供生活方面的服务

销售人员应视自己如同顾客家族中的一分子，能在日常生活中经常予以协助、照顾。比如当你碰到顾客家中有婚丧喜庆时，在力所能及范围内尽力地给予帮助。但是你要牢记一件事，你本身仍是一位销售人员，在做客户家族中的一员时，其立意虽好，但是，若过于超过服务范围的话，也没有必要。如果超过了服务的范围，不仅不能收到良好的效果，相反还会给顾客留下不好的印象，需要特别注意。

3. 销售人员最好能为客户解决燃眉之急

寻找客户的燃眉之急是销售人员销售的基础。人人都有燃眉之急，客户的燃眉之急是优先级最高的一件事，这就叫以客户为中心，这就是叫冲人去，而不是冲产品去。跟客户谈判的时候，你跟他谈什么？不要着急介绍你的产品，而是来了解他的需求。这就是跟散弹式销售不一样，通过问问题知道客户是这里疼还是那里疼。其实，销售人员就像医生一样，而客户是病人，你在给客户看病。所以销售的首要任务是要判断客户得的是什么病，也就是他最着急的是什么事？只有你掌握了并积极去为他寻求解决的办法，客户才能把你像朋友一样看待，当然后面的交易也会变得十分容易。

瞬间成交技巧八

诚为上策

诚实是一个销售员保证长期销售成功和盈利的策略。在销售的过程中，你也许可以依靠欺骗暂时与客户达成交易，可以小赚一笔。但如果你想与客户维持长久互利的关系，就必须要诚实销售。你的成功，不是你的销售事业有多顺利，而是你在销售时有多诚实。如果你因为说话在客户跟前栽了跟斗，那你的诚实将使你重新获得客户的尊重，并助你赢得销售的成功。

在销售行业中，存在着各式各样的行为习惯，也会有各种各样的销售员生存理论，比如"说谎论"。有人说，不说谎做不好销售；有人说，说谎是善意的谎言，是为了客户好；也有人说，很多问题必须撒谎，因为不可能告诉客户真实的情况；还有销售员说，为了达到目的，有些事是必须撒谎的，否则就不能成功。刚刚加入销售行业的新人听到这些言论，会很不自在，甚至有些迷茫，难道做销售一定要说谎吗？

因为销售人员中的大多数人都信奉"说谎论"，因此，我们必须要对那些能够坦诚沟通的销售人员表示敬意。哪怕你目前的销售水平很低，你目前的业绩很差，但请你保持良好的诚信习惯，你的业绩会随着经验的增多和能力的提升得到提高，而不需要通过谎言来达到目标。很多成功销售员的经验告诉我们：不说谎同样可以做好销售。请相信自己，如果你的能力足够，完全可以诚实地去做事情。

小吴是一名销售人员，一次，一个公司想做一个15平方米的大屏幕。负责销售的小吴经过具体的测量后，告诉他们这样的空间不适合做"15平方米"的屏幕，"10平方米"的屏幕视觉效果会比"15平方米"的更好。

小吴的朋友听说此事后，都说小吴太傻，客户想做大一些的还不好吗？做大一点的，提成还高呢！

但小吴却想，如果他不提建议，而是按照客户的要求做了"15平方米"的，安装好后，如果客户觉得不合适，尽管自己一句话就可以糊弄过去："当初是你们要做15平方米的啊！"但客户嘴上不说，心里也会觉得是我坑了他，因为我是专业人士，应该给他们提出中肯的建议。

小吴以诚实的态度，站在客户的立场为其着想，最终赢得了客户的信任。

此后，这个公司又介绍了好几个客户给小吴，小吴的销售业绩也大幅度提高了。

积极主动地为客户着想，"以诚相待，以心换心"，是销售人员对待客户的基本原则，也是销售人员的基本素质。

当你本着为客户着想的原则去行动时，可能你也会遇到像上面提到的小吴的情况。最明智的办法就是放弃眼前利益，以使自己获得更加长远的利益。

作为一名销售员，应以诚实守信为本。诚实守信是赢得客户的基本保证，一个人如果不诚实守信，一两次交往之后，哪个客户还能相信你？你的信誉度的下降，就是你走向失败的先兆。

销售人员在销售的过程中，很多人将销售技巧和说谎的概念混淆了。说谎，简单地说就是说不真实的话。不论什么原因，只要是说了不真实的话，就叫作说谎。而销售技巧则是销售能力的体现，也是一种工作的技能。销售是人与人沟通的工作，宗旨是晓之以理、动之以情、诱之以利，其中包括对客户心理、产品专业知识、社会常识、表达能力、沟通能力的掌控运用。

其实，说谎与销售技巧在定义上有明显的区别，但在销售过程中，说谎与销售技巧很难分清。比如，公司批了一笔费用，大多数销售员可能会对经销商说，这是经过他的努力才申请下来的，认为这样做经销商就会很感谢他，客情关系也就不同了，后面很多事情都好谈了。有人说这样做是一种维护客情的技巧，但这其实是在说谎。任何人都希望做好人，得到别人的认可和支援，尤其是在做销售时，卖个人情希望得到对方的好感，争取达成业绩目标，但当我们这么做的时候，别人怎么想不是由我们决定的，像这类小把戏其实很多人都清楚，所以你这么做可能得不到别人的认可，恰恰相反，得到的是别人的反感或更多的防范，因为他会觉得你这个人比较滑头。

每个人生活在这个社会中，都要与形形色色的人打交道，在为人处世、待人接物中诚实是最重要的。诚实是一个人最优秀的品质，它是一个人的立身之本，更是一个人的成事之基。那么究竟什么是诚实呢？用通俗的话讲就是：说老实话，办老实事，做老实人。

诚实是金，别人对你的信任，首先来自你对别人的诚实。一个人如果失去了诚实，就没有人会相信你？

在客户眼中，优秀销售人员应具备什么样的特质呢？根据消费者心理调研报告的分析显示，诚实、刻苦工作、果断三种品质最能引起客户的信赖与认可。

几乎所有的客户都会把销售人员的诚实放在第一位，对于客户来说，销售人员的销售技能不是主要的，最主要的是销售员是否诚实。对于销售员来说，诚实既是一种品质，又是一种技巧，只有诚实才能赢得客户信任。

乔·吉拉德也曾说："所有最重要的事情，就是要对自己真诚；并且就如同黑夜跟随白天那样的肯定，你不能再对其他人虚伪。"吉拉德了解客户心目中关于销售员的恶劣形象，他更加努力要做一个对客户讲诚信，并让客户可以信赖的销售员。其实，这对于吉拉德来说，不仅仅是一件有关名声、信用的问题，而是一件求生存的事情。"说真话"使他成为世界上最伟大的销售员。他总是面对面地非常诚恳地对每一个客户说："我不仅站在我出售的每一部车子后面，我同时也站在它们的前面。"

虽然许多客户告诉乔·吉拉德，他们可以在别的地方找到更便宜的车子，但是他们还是紧跟着乔·吉拉德，原因是：乔·吉拉德对客户很诚实，他值得客户永远信任。

"你可以在部分时间欺骗所有人，或者在所有时间欺骗部分人，但永远不可能在所有时间欺骗所有人"。世界上没有永远不被揭穿的谎言，诚实待客才是长久之道。

小文是一家汽车销售公司的新手，但在进入汽车销售行的第一年，他就登上公司的推销冠军宝座，令同事羡慕不已。同事纷纷向他讨教经验："你是靠什么取得这么好的销售业绩的？"但小文也说不清楚其中的原因，他也因为这个问题，思考了好几天，但始终没找到答案。

一天，小文突然想到了解决这个问题的办法，那就是问问自己的客户，"客户为什么会与我签单，这其中一定有原因？"小文正好下午约了一家地产公司的老板王总，王总是小文以前的一个客户介绍过来的，算上今天这次，这是他们的第三次见面。小文觉得王总很直爽，觉得向他询问这个问题也不算失礼。

在王总家中，双方签完约，合上合同文本，小文又很有耐心地向王总重复了一遍公司的售后服务和王总作为车主所享有的权益。然后，才很有礼貌地问："王总，我有一个私人问题想问一下您，可以吗？"

王总看了一眼小文，从沙发上坐直身子，说道："当然可以！"

"是这样的，我想问您，您为什么会和我签约？当然，我的意思是说，其他公司好的推销员很多，您为什么会选择我？"第一次问这种问题，小文觉得有点不好意思，略带歉意地望着王总。

王总爽朗地笑了起来，很高兴地说："年轻人，我果然没有看错人。"王总接着说："你是我的朋友介绍的，他也在你这儿买过车，你该记得的。当时他就告诉我：'这小伙子很诚实，我信得过他。'我听了有点不以为然，你别介意，但我确实是如此想的。推销员我见多了，还不都是油嘴滑舌，把自己的产品吹得天花乱坠吗？但第一次见面，你言简意赅地向我介绍了几款车，便静静地听我讲述要求。我们交谈时你双目注视着我，给我留下深刻的印象，的确，像我朋友所说的，你与别的推销员不同。你很真诚。

"第二次见面时，你全力向我推荐了这款车。其实这款车我早就注意过了，我也听了不下6个推销员向我介绍这款车，但你又一次打动了我。应该说，这款车的性能、价位、车型设计等都比较符合我的要求，正在我犹豫之际，你又主动跟我说：'这款车许多客人初看都很喜欢，但买的人不算太多，因为这款车最主要的缺点就是发动机声响太大，许多人受不了它的噪声，如果对这一点你不是很在意的话，其他如价格、性能等符合你的愿望，买下来还是很合算的。'

"你还记得我试过车后说的话吗？我说：'你特意提出噪声的问题，我原以为大得惊人呢，其实这点噪声对我来讲不成问题，我还可以接受，因为我以前的那款车声音比这还大，我看这不错。其他的推销员都是光讲好处，像这种缺点都设法隐瞒起来，你把缺点明白地讲出，我反而放心了。'你看，我们就这么成交了！"

从王总家里出来，小文既高兴又激动，脸涨得都有点红了，今天这种方式真不错，很有实效！小文觉得，这对自己不仅是一种肯定和鼓励。而且还增进了他与王总的交情，刚才出门之前，王总还很殷勤地邀请他在家共进晚餐呢，这个朋友是交定了！

把产品的缺点告诉你的客户，对待客户像对待朋友一样，切不可为了一时利益隐瞒不利于销售的地方，这样，你永远都成不了优秀的推销员。

对于一名推销员来说，最重要的就是要诚实，这样客户才会信任你，信任你才会买你推销的产品。

诚实不仅是推销的道德，也是做人的准则。所以，向顾客推销你的人品，事实上就是向顾客推销你的诚实。吉拉德说："诚实是推销之本。"

据美国纽约销售联谊会的统计：70%的人之所以从你那儿购买产品，是因为他们喜欢你、信任你和尊敬你。所以，要使交易成功，诚实是最好的策略，不诚实的代价是惨重的。

美国销售专家齐格拉对此做过深入分析，一个能说会道而心术不正的人，能够使许多人以高价购买低劣甚至无用的产品，但由此产生的却是三个损失：顾客损失了钱，也多少丧失了对他的信任感；推销员不但损失了自重精神，还可能因这笔一时的收益而失去了整个成功的推销生涯；以整个推销来说，损失的是声望和公众对它的信赖。所以，齐格拉强调："信任是关键。"他说："我坚信，如果你在销售工作中对顾客以诚相见，那么，你的成功会容易得多、迅速得多，并且会经久不衰。

那么销售人员怎样才能在销售中克服说谎，做到诚实销售呢？

1. 销售员在销售的过程中，对产品的介绍要实事求是

销售员在销售产品时，往往都用产品亮点夺客户眼球，在销售过程中，突出介绍产品优点是无可厚非的，但总有那么一些销售员报喜不报忧，只是一味重点突出自己的服务和产品如何如何好，甚至夸大其词，而对相应的缺点轻描淡写，甚至只字不提。

其实客户在初次听产品介绍时，都会不自觉地对产品的可信度产生怀疑，客户关心的问题一般有以下三点。

产品需求。产品本身是否能满足自己的需要？

产品价格。产品是否货真价实，值得自己购买？

技术支持和售后服务。购买产品后是否能解除后顾之忧？

世界上没有完美的东西，这个客户也知道，如果你将产品描述得太过完美，只要客户抓到你言过其实的把柄，那么交易就会失败。那么是不是一五一十地把产品的缺点和优点都讲一遍就可以了呢？当然不行。销售讲究的是技巧，没有十全十美的产品，但是有十全十美的说辞和应对方法。

用类似产品做比较。没有比较就看不出高低，在介绍产品的同时，也适当介绍一种或几种同行业产品的不足，但是一定要实事求是，口下留情。

突出可以满足客户需求的产品信息。客户最关心的是产品能否满足他的需求，如果产品能尽可能多地满足他，一些不足之处也可以忽略，找到产品最能满意客户的方面，充分挖掘。

在说话方式上做文章。如果你的产品质量好，但是客户认为价格贵，你首先应该承认价格的劣势，随后将重点放在质量上，让产品质量对客户的吸引力超过客户对价格的排斥力，使客户认可产品。

2. 销售员要亲力亲为

要加强同客户群体的接触，并通过接触中所洞悉的敏感信息，提早对客户转移、流失的可能性做出必要反应。在更密切的相互交往中，买卖双方诚实互待也就具有了起码的可行性。

3. 深入了解客户的购买动机、全面需求

这方面更需要销售员做细致、周密的工作，特别主动了解那些不擅、不愿反馈信息的客户，确认客户在购买产品或服务后的有关变化、原因、对公司客户和具体经办人的影响。在此基础上，提升应对客户异议和质疑的反应处置能力。

4. 自始至终不说假话

有人信奉不说假话就办不了大事。但作为一名销售人员，如果你想上一个档次，进入顾问式销售的境界，你就必须"痛改前非"，不说一句假话。

第二章

未雨绸缪，
让你在销售中
变得更从容

瞬间成交技巧九

了解客户的需求

"深入了解客户的需求"用于销售可以说是经典中的经典，因为做销售大部分会利用到这一招。深刻了解了客户的需求，有针对性地设计话题，可以自然地拉近与客户之间的关系，为最终成交打下较好的基础。所以说，作为一名销售人员，一定要认识到，客户内心真正需要的是什么，他们的心理需求是什么。只有抓住客户的心理对症下药，才可以使销售变得顺利。

人常说：钓鱼用饵，"钓"客户用"欲望"。欲望，也就是我们去做一件事情或者去买一样东西的动机和需要。任何一位想成功的推销员，都应该充分了解、熟练掌握和善于利用人的"基本欲望"。所谓基本欲望，就是人们最普遍的需求。

人只要生存下来，就存在各种各样的需求和动机。美国著名的心理学家马斯洛根据其重要性和满足的先后顺序，提出了"需求层次理论"。这种理论认为，人类的需求依重要性程度可分为五个层次：生存需求，即吃喝拉撒睡性等基本的生理需求；安全需求，即保护人身、财产安全和防备失业等的需求；归属需求，即希望被群体接受从而有所归属和获得友谊和爱情的需求；自尊需求，指实现自尊，赢得他人好评、赏识，获得社会承认和地位上的需求；自我实现需求，即充分发挥个人能力，实现理想和抱负，取得成就的需求。

这些需求具有一定的层次性，层次越低，越不可缺少，因而越重要。人们一般按照重要性的顺序，分出轻重缓急，当最低层次的需求得到满足后，才会设法去满足更高层次的需求。由此可见，需求是顾客购买商品的前提，而只有这些需求变得强烈起来成为一种动机时，顾客才会真正采取行动。

销售人员在销售中，了解客户的需求是重点，人们都希望买到自己需要的东西。如果销售的产品迎合了人们的需要，就一定能成交。所以，作为一个销售人员，一定要顺应时代潮流销售客户需要的东西。

芭比娃娃以完美的体型、灿烂的笑容闻名于世。几十年来，尽管芭比在相貌、种族、肤色、发型、语言乃至服装上都经历了各种变化，但其健康向上的形象始终如一。

芭比诞生于第二次世界大战后的美国。1959年3月9日，世界上第一个金发美女娃娃正式问世，它的创造者美泰公司创办人露丝·汉德勒见女儿喜欢玩当时流行的纸娃娃，兴致盎然地帮她们换衣服、换皮包，便想到可以设计一款立体娃娃，满足女孩子的愿望。

一次，露丝在德国度假时，无意间发现了身高29厘米，三围39-18-33的德国娃娃"莉莉"。正是这个娃娃激发了露丝的灵感，回到美国后，露丝立刻对莉莉的形象加以改造，让她看上去像玛丽莲·梦露一般性感迷人。1959年3月9日，世界上第一个金发美女娃娃正式问世，露丝用小女儿芭芭拉的昵称给她命名，从此这位金发美女就叫作"芭比"。目前，芭比的足迹遍布全球150个国家，平均每一秒钟在世界上就有三个芭比娃娃被售出。

芭比娃娃虽然现在卖得这么火，但刚在日本销售时也有过一段时间冷场，摆在商场无人问津，所有的芭比娃娃上面落了一层灰，遮掩了她们俏丽的容颜。这是为什么呢？因为在日本，洋娃娃代表着女孩子长大后的形象，可芭比娃娃一点也不像日本少女，胸部太大，腿又太长，而且还是蓝眼睛，日本少女的眼睛是咖啡色的，这让日本的小女孩很难接受。经营芭比娃娃的商家立刻进行了市场调查，及时修正了芭比娃娃的胸部和腿，并且把眼睛的颜色修改成和日本少女一样的咖啡色，芭比娃娃立刻被抢购一空。生产芭比娃娃的美国泰勒公司成功地满足了日本女孩的需求，使芭比娃娃在日本开始畅销。

拥有一个芭比娃娃可能是很多女孩儿时的梦想，多变的名牌衣着和帅气男友引领了很多年的女性浮夸风。有人嗤之以鼻，说芭比娃娃是让女人堕落的工具，也有人爱之如命，说芭比娃娃给了所有平凡的女人一个梦想。可是，不论人们怎么去议论，评价，芭比娃娃成为市场宠儿的事实却一直没有改变。几十年来，芭比始终保持着青春、亮丽的形象，曲线玲珑、光彩照人。据统计，自问世以来，芭比和她的朋友们一共穿过近十亿件衣服，不同的形象，不同的衣服，迎合了不同人的口味。现在，芭比娃娃的需求对象由小女孩逐渐扩大到青年人、老年人，芭比以其迷人的形象征服了全人类。

芭比娃娃之所以能在全世界畅销，是因为它迎合了消费者的想法。

所以，销售人员一定要注意洞察人们的需要，把自己的产品和消费者的需要紧紧结合起来。如果不是畅销的东西，也要仔细分析消费者的需求，把自己的东西变成消费者需要的，让消费者不得不买。真正的销售精英，绝大部分东西都可以销售出去。这就是满足消费者需求的奥妙和威力所在。

做销售，有时候也需要和客户打一场"心理战"，把"抓住客户的心理"作为销售的切入点也是一个好办法。在销售的过程中，很多销售人员关注自己太多，强调自己的品牌如何如何、服务如何如何，而面对客户的需求偏好、期望值、价值观等关注却太少。要记住，做销售是为他人提供服务的，更要在意他人的想法。

　　如果销售员想销售成功，就要了解客户的需求是什么，他们的期望是什么，然后针对这些问题，暗中提示，对他们进行说服，让他们接受你。客户的内心需求是客户购买商品的理由。跟客户交流时，要做到客户要什么你就给他什么，而不是让客户感觉到你给他什么，他就要什么。在销售中经常出现的问题就是：不是客户不想买，而是销售员没有透彻了解客户的需求，没有抓住客户的心思，不能推销客户需要的东西。只有抓住客户的心理对症下药，才可以使销售变得顺利。因为这样，客户会觉得销售人员的做法是"雪中送炭"。

　　张大爷是一位教师，退休后闲居在家。但他是个勤快人，整天无所事事让他很心烦。于是，老伴儿便在邻里的帮助下，为他开了一家书店。

　　由于受职业的影响，张大爷购进的第一批书不是些教辅用书，就是些名著。总之，都是自己喜欢的书籍。

　　就这样，张大爷开始了他退休后的第一份工作，他严格按照上下班时间进行营业，但两个月下来，光顾的人很少，利益也就可想而知了。

　　张大爷心想：小区里的住户很多，而且根据平时观察，孩子也有一定的数量。现在家长都重视孩子的教育问题，应该有很多顾客才对，怎么会这样呢？思来想去，张大爷还是没有找到问题的关键所在。

　　后来，还是老伴儿说中了关键所在。张大爷的老伴儿退休前是搞经济的，对这种现象的分析也相当到位。她是这样分析的：卖书也是一种销售行为。但凡是销售行为就会有一定的消费群体，只有顾客喜欢才会产生购买意向，开书店卖书就要学会满足消费者的需求，才能将生意做好。

　　张大爷听了感觉很有道理。第二天，张大爷自己设计了问卷调查，询问了小区里的大部分居民，了解大家喜欢看什么的书籍。最后，总结出了一个规律：小区里的年轻人居多，他们平时工作紧张，一有空闲时间喜欢看看杂志什么的，了解时讯；老年人爱看看报纸，不喜欢拿着大本的名著读；孩子们平时学校及辅导班已给他们定好了资料和书，现在需要的是益智和开发性的书籍。

了解到这些后，张大爷就从市场进来这些类型的书籍和杂志，重新开张了。第一天，就有一位小伙子光顾书店。

"大爷，有没有最近一期的《特别关注》啊？"

"你等一下，我帮你拿去。"张大爷找到书并递给了他。

"张大爷，我要两本，给您钱！您这回可是大大方便了我们啊，以后再看杂志就不用跑老远的报亭买了！"他把钱递给张大爷，拿过书之后便高兴地走了。

接着，还没有一会儿工夫，就有好几个小区住户光顾过小店了，"我要一本《女友》"，"您给我拿两本《半月谈》"，"麻烦给我拿一本《青年文摘》"。不一会儿，就卖出了好几本。了解顾客的喜好以后，再决定采购书刊的种类，张大爷的生意兴隆起来了。

这个案例说明：在销售活动开始之前，我们不能盲目地进行推销，而是应该首先审视顾客的需求，然后按照顾客的需求进行销售，这样既能使你的销售取得成功，又能使顾客买到想要的东西。

销售人员在推销的过程中，最关键的就是要找出顾客购买这种产品背后的真正需求或价值观。然后，你就可以调整自己的推销方式及产品介绍过程，让顾客能够明确地感受到这一产品能够满足他们真正购买这一产品所需要获得的感觉。如果销售人员不能了解客户的真正需求，只是一味盲目地进行销售，那么得到的只能是失败。

小萧是一家家具公司的推销员。下面我们来看看他的推销过程。

小萧："谢谢您给我介绍我们公司产品的机会！"

客户："欢迎你来。"

小萧："请允许我介绍我们公司的最新系列产品——安逸。现在顾客都比较喜欢颜色亮一点的家具，老旧的款式已经不流行了。为了满足客户的需求，我们的'安逸'系列正式问世了。客户想要的任何颜色都应有尽有。而且我们为经销商专门提供了为客户订制家具的服务，价格合理，送货时间也很及时。如果你需要订制，要另加价，价钱也很合理，我们的新产品不错吧？"

客户："那么……"

小萧："我的解说很清楚了吧？您还有什么想知道的吗？"

客户："你说得很清楚。只不过，嗯……我想年轻人会很喜欢你们的东西，可是你知道吗，这附近有不少退休老人公寓，我打算把我的目标客户锁定在比较年长、有固定收入的人群，进货也以典雅、古朴、价钱合理的款式为主。"

最后，小萧没有拿到这位客户的订单。

为什么小萧的推销会白费功夫呢？原因是他犯了盲目推销的错误。他没有找到客户的真正需求，因此失败是必然的。事实上，只有能够满足客户需求的产品，才是适销对路的产品。

每一个购买行为都满足着客户的某些需求。客户为什么会购买你的产品？你也许会认为，是因为产品的价格低，或是因为产品的质量好，所以客户才会购买。也许有时候是这样，然而大多数时候，购买行为的发生，并不仅仅只是因为产品的价格或者是产品的质量。

每个人购买某种产品的目的都是为了满足他的某些需求，而这些需求的满足大多数时候并不是产品表面所提供的功能，而是这些产品满足了客户消费背后的某些价值观或感受。

所以，推销的第一步就是要找出客户的真正需求，这样你才能引导对方买下你所推销的产品。当你充分了解你的产品并且推销技巧日臻纯熟的时候，你的这种能力也将日益提高。最顶尖的推销员就是让这份能力变成一种本能，在掌握人心的情况下，充分发挥出推销的本领的。

丽丽是一家电脑软件公司的推销员。她最近非常苦闷，虽然她在向客户推销商品时将产品介绍的头头是道，但客户就是一声不吭，用沉默的态度表示拒绝。

有一天，丽丽的推销又失败了，她垂头丧气地走进了一家餐厅。正当她闷闷不乐地自斟自饮时，邻桌上发生的一件事情吸引住了她的目光。只见邻桌的一位太太带着两个孩子来吃午餐，其中那个胖胖的男孩什么都爱吃，长得结结实实的；而那个瘦瘦的女孩则一直紧锁着眉头，举着筷子将盘子里的菜拨来拨去，一看就知道是个挑食的孩子。

那位太太看上去对女孩有些担心，正在轻声地开导她："宝贝，别挑食，要多吃些蔬菜，不注意营养怎么行呢？"太太将这话连说了三遍，但小女孩说不吃就是不吃，搞得这位太太一点儿办法也没有。

正在太太一筹莫展的时候，餐厅里的一位年轻的服务生走近了那个女孩，凑着她的耳朵悄悄地说了几句话。那个女孩一听，马上就大口大口地吃起了蔬菜来，边吃还边斜视着旁边的胖哥哥。太太很纳闷，便把服务生拉到一边问："你是用了什么办法让她听话的呢？"

服务生说："要让鱼听你的被你钓上来，你就必须在鱼钩上放饵；当牛不想喝水时，让它吃些盐，它口渴了自己就会去找水喝。我刚才跟小妹妹说的话是：'你哥哥不是老欺负你吗？你多吃些蔬菜，就会变得很有力气，这样哥哥就不敢欺负你了。'"

旁观的丽丽听到了太太和服务生的对话，暗暗称绝："太棒了，我终于知道自己错在哪里了！"

第二天，她又约见了一位客户，这一次，丽丽面对着经理，不再滔滔不绝地推销，而是微笑着问道："贵公司目前最关心的是什么？有什么烦恼的事吗？"

经理叹了口气说："目前我们最头痛的问题是，如何减少库存、确认准确数量，提升生产效率。"

丽丽设身处地地说："确实是这样啊，您的库存越多，您所花费的人力、物力就会越多，如此一天多一点，一月多一点，一两年之后可就是大数目了。但这样的问题是很容易解决的，现在我就马上赶回公司，让公司的软件设计师们专门为贵公司设计一套软件，看看应该如何管理和减少存货，增加生产效率。"

两天后，丽丽再度拜访那位经理时，一边出示那套方案资料，一边热情地介绍道："这就是我们公司几位核心软件设计师专门为贵公司设计的一套软件。我相信，只要用了这套软件，您目前的的烦恼就能解决了。"

经理听后，将那软件安装上，试用了一下之后，立刻高兴地说："这太好了！你的这套电脑软件我们购买了。"

丽丽之前的失败，就在于她不懂客户真正需要的是什么，也就是说，她没搞懂客户的"真正欲望"在哪里。

许多推销员常犯的错误就是：滔滔不绝地向别人介绍产品，却不知道客户到底需要什么。钓鱼用饵，"钓"客户，也就是让客户给你下订单，就必须发现客户的"欲望"，恰当地激发和利用这个欲望。

欲望需求和购买动机在每一个购买行为中都存在，而且是千变万化、不易掌握的。但是，推销员应掌握顾客最普遍的购买动机和欲望需求。那么，销售员应该怎样理解和掌握呢？

1. 要从产品的实用、省时、经济耐用上进行考虑

衣、食、住、行的满足是顾客最基本的需要，因此顾客总是对那些经久耐用、价格低廉的商品感兴趣，他们想使自己手中的货币实现较高的价值。

2. 要注意对产品健康方面的考虑

人们如今越来越希望购买到的物品能对身体健康有益，或者至少不损害健康。随着现代科技的发展和人民生活水平的提高，顾客在购买物品时越来越重视健康与卫生方面的因素。

3. 要注意对产品的舒适与方便进行考虑

人们都喜欢舒服，所以也希望购买的商品用起来能使自己舒适、方便一些。另外，销售员销售的产品要便于操作、稳定可靠，这样的东西对顾客会有一种很强的吸引力，尤其是需要一些专业知识才能操作的东西，如果变得简单易用，肯定会得到客户的喜欢。

4. 要对产品的安全进行考虑

人们都希望有一种安全感，以便遇到可能的伤害时能够进行有效的防护。这是一种安全需要的体现。顾客在了解一种商品信息时，一般都希望了解这种产品的安全可靠程度，如果觉得该商品安全系数低，买卖就肯定告吹。

如今许多商品都要经过质量监督局等单位的检测，以查明某种商品是否能安全可靠地使用，就是出于为顾客安全上的考虑。另外，人们都普遍关心避免丢失钱财物品，所以，现在防护器材十分畅销，各类保险也越来越受人们的喜爱。

5. 要从客户的爱和兴趣上进行考虑

爱和兴趣是一种带有感情色彩的购买动机。有很多时候，顾客购买商品是为了满足对另一个人感情上的需要。

其实，当购买行为是为了表达对他人的爱而进行的时候，购买者会觉得自己的购买行为非常惬意。

6. 要从产品的声誉和认可上进行考虑

产品的声誉能对顾客产生很大的影响。这种声誉天长日久后会在顾客心里形成一种对该产品的偏爱，从而比较容易激发顾客的购买欲望。

每个人都希望别人注意自己，希望得到别人的尊重。流行服装、艺术珍品、高档家具、假发和其他奢侈品的推销，都是为了满足顾客希望得到认可的心理。这些象征物还能帮助顾客获得事业上成功的感觉，满足其赶时髦的心理需求。

当然，顾客总是在不停地寻找那些能获得更广泛认可的商品。尽量不要企图将过时劣质的东西卖给顾客，即使顾客一时接受了，不久也会认识到他买的是一件已遭淘汰的产品，这会失去顾客对你的信任。

由于人的个性千差万别，有的希望自己受人爱戴，具有较高的声望；有的则追求健康、成功和权力。这些都包括在声誉和认可的购买动机中。尽管许多顾客不愿意公开承认自己的这些动机，但是，它却在每一次具体购买的活动中都毫无例外地存在着。

瞬间成交技巧十

做一个资料翔实的"专家"

人常说：知己知彼，百战不殆。这一计策用在销售中，就是要求销售人员在拜访客户前要先做好充分的准备，主要包括了解对方尽可能详细的所有信息，而后认真分析，总结出想表达的内容、对方可能提出的问题及自己如何回答等。对自己的顾客了解得越详细，考虑得越充分，销售人员越能把握推销的主动权。所以，销售者要勤于积累和观察，只有对消费者有了深刻的了解，才能销售成功。

销售如同打仗，必须对"敌"我双方都有所了解，才能销售成功。所以在销售中，知己知彼就显得尤为重要。只有知己知彼，才能百战百胜。知己，就是对自己的厂家以及所销售的东西做到非常了解，清楚地知道自己的实力如何，该有怎样的市场，在原有市场的基础上，如何扩大市场。一个对自家情况都不了解的销售员不是一个好的销售员。自己的实力都分辨不清，如何去得知他人的实力，并在市场中与之博弈？知彼，就是要了解对方的情况。假如你对销售对象及其公司一无所知，只朝最好的方面想，那你就是在浪费时间。

所以，销售人员在向客户进行销售时，一定要事先做好准备，有备才能无患。

首先，做好准备，是指要对自己所销售的东西的质量、包装、规格有一个详细的了解，这也是反复提到的对自己销售的产品的了解。这点很重要，也是一个销售人员的分内事。在销售过程中，大家可能经常看到的一种现象是销售人员被销售对象的问题问住了，然后销售对象觉得对方连自己的东西都不熟悉，这个人不可靠，最终交易失败。所以，销售员要想做好销售，就要先做好自己的分内事。

其次，对销售对象还要有"备"，就是对销售对象的喜好、习惯有一个基本的了解。"备"上迎合销售对象胃口的话或者物品，更容易促使成功。

苏文是一家保险公司的销售员。一次，他乘坐出租车，在一个路口遇到红灯停了下来，跟在后面的一辆黑色轿车也与他的车并列停了下来。苏文从窗口望去，那辆豪华轿车的后座上坐着一位头发斑白但颇有气派的绅士正在闭目养神。

就在一瞬间，苏文的潜意识告诉他：机会来了。他迅速记下了那辆车的车牌号，并打电话到交通监理局查询那辆车的主人，事后，他得知那辆车是一家外贸公司总经理刘先生的。

于是，他对刘先生进行了全面调查。随着调查的深入，苏文知道了刘先生是南方人，于是他又向南方同乡会查询得知刘先生为人幽默、风趣而又热心。最后，他很清楚地知道了刘先生的一切情况，包括学历、出生地、个人兴趣爱好、公司的规模、营业项目、家庭住址等。

经过之前的充分准备，苏文开始想办法接近刘先生。由于先前的信息收集工作做得好，苏文早已对刘先生的作息时间了解的很清楚，所以他选定一天，在这家外贸公司的大门口前等候。

5点半，一辆黑色轿车驶到公司大门前，苏文看了一眼车牌号，正是刘先生的车。很快地，刘先生出现了，虽然苏文只见过他一次，但经过调查之后，他对刘先生已经非常熟悉，所以一眼就认出了他。

后来，苏文找了一个机会与刘先生攀谈起来，刘先生对苏文对他的了解感到非常惊讶，而且对苏文的谈话也表现出了浓厚的兴趣。

接下来的事情便顺理成章了，当苏文向刘先生推销保险时，他愉快地在一份保单上签上了名字。

后来，两个人成了很好的朋友，刘先生在事业上还给了苏文不少帮助。

对于销售人员来说，客户信息是一笔财富，要把对客户的调查看成是销售工作的一部分。磨刀不误砍柴工，情报信息对于未来的销售工作会有越来越重要的价值。

一个销售员对于准客户的调查，不必考虑太多，也不可犹豫不决。机会稍纵即逝，所以必须立即行动，紧迫盯人，咬住不放。只有不断寻找机会的人，才能够及时把握住机会。

一个杰出的销售员，不但是一名好的调查员，还必须是一个优秀的新闻记者。在与准客户见面之前，对准客户的基本情况要有一定的了解，以便在见面时，能够流利地述说准客户的职业、子女、家庭状况，甚至他本人的故事。由于句句逼真亲切，才能很快拉近彼此的距离。

所以，在与准客户见面之前，要把对方调查清楚。销售成功与否与事先调查工作的好坏成正比。

一位销售员急匆匆地走进一家公司，找到老总办公室，敲门后进屋。下面是他和老总间的一段对话。

"您好，张总。我叫××，是××公司的销售员。"

"我姓赵，不姓张！"

"噢，对不起。我没听清楚您的秘书说您姓赵还是姓张。我想向您介绍一下我们公司的彩色复印机。"

"我们现在还用不着彩色复印机，即使买了，一年也用不上几次。"

"是这样啊！不过，我们还有别的型号的复印机。这是产品介绍资料。"他将产品介绍资料放到桌上，然后掏出烟和打火机说："您来一支？"

"我不吸烟，我讨厌烟味，而且，这个办公室里禁止吸烟。"

这是一次失败的销售，原因是销售员没有在销售之前对客户进行认真的了解，而这是销售时最忌讳的。

由此可见，在正式销售之前，销售员一定要好充分的准备。在销售之前做好充分的准备工作，不仅要对产品的介绍熟记于心，也要对顾客的相关情况进行了解。对一个销售人员而言，只有做到心里有数，和客户交谈时才会胸有成竹。

小谷是一家房地产公司的售楼人员，在刚入行时，经常会遭到客户的拒绝。虽然他服务很热情，对待顾客也非常诚恳，但客户通常还是会在谈话结束时说："我要再考虑考虑。"刚开始，小谷认为顾客的确要仔细考虑一下才会决定。但几天后，当他再次找到客户时，很多人在"考虑"之后都会直接拒绝他的要求。

和客户接触地多了，小谷逐渐琢磨出了客户的心理。客户之所以说考虑，大多是因为他们有这样几种想法：

"当然，能有个完完全全属于自己的家是再好不过了，只可惜目前手头太紧。"

"最好还是等存够了钱再买。"

"我要考虑一下，说不定我买了房子以后，房地产的价格还会下跌呢！"

在了解了顾客的这些心理后，小谷决定设计一套行之有效的对策，这样在面对顾客的拒绝时，就不会手足无措。既然客户在资金和房价上比较迟疑，那就做好这两个方面的准备工作。

于是，在向顾客推销时，小谷首先会把向金融机构贷款的方法及资金周转的方法等资料提供给客户作为参考，并把房价上涨预测的资料和其他相关资料提供给客户。

"我明白您的想法，我也十分理解。的确，买房子不是一件小事，只有少数经济宽裕的人才能说买就买。但是，以我过去的经验来看，买房子只等存钱是不行的，要从资金周转和付款方式上想办法才行。请您看看这些图表，从这些图表中可以很明显地看出存钱的速度无论如何是赶不上物价、房价的上涨速度的。所以，您的考虑是多余的，要买就越早越好。说实话，照您这样存钱，其结果只有一个，那就是您所想要的东西，不但不会离您近些，反而会离您越来越远。"

顾客看着小谷拿出来的一大堆关于经济增长率的预测、房价上涨的预测、工资上涨的预测、物价上涨的预测等图表，听着小谷有根有据的分析，几乎找不出理由来推脱了。因此，大部分人都会下定决心购买房子。

对于一个销售人员，特别是一个刚刚从事销售行业的销售员来说，销售面谈是一件难以把握的事。因为在这个真正和客户面对面打交道的过程中存在着太多的变数，可以称得上"一招不慎，满盘皆输"。所以，在进行推销之前，一定要做好充足的准备工作。小谷之所以能够成功地说服顾客，也正是因为他在推销之前准备了大量具有真实性的图表。当客户犹豫推辞时，他就用事实和数据来说服他们。

销售人员在销售的过程中，往往会遇到这样的情况：顾客明明很喜欢自己的产品，但因为价格比较昂贵，常常会拿其他公司的产品来做比较。这时候，就需要销售人员拿出证据，证明自己的产品是物有所值的。当然，这需要我们提前做到有备无患。此外，每一个顾客在购买产品时，心中都会有各种不同的疑问，他们就希望可以从销售者口中得知最合适的答案。因此，作为一名销售人员，我们应该经常更新自己的基础知识。产品情况、行业知识、生活常识等，这是我们与客人的"谈资"，更是我们成功销售的前提条件。

俗话说"有备无患"，就是这个道理。只有万事俱备，才能未雨绸缪，才能获得成功。

原一平在日本寿险界是一位名声显赫的人物，日本的寿险从业人员没有不认识原一平的。原一平在明治保险公司整整工作了50年。50年来，他累积了2.8万个准客户。他是如何积累这么多客户的呢？那就是靠他的资料库了。在他的资料库里，他把客户分为A级到F级，每一个客户都有自己的级别。

A级是在投保中犹豫不决的客户，这样的客户，只要他去劝说一下，随时都有来投保的可能。

B级是因为某些因素不能立刻投保的准客户。这一级的客户，需要等待一段时间，才会变成A级客户。

C级客户和A级客户相同，原来都属于随时会来投保的客户，但因为健康上的原因，目前被公司拒保。

D级准客户没有问题，但经济状况不是很稳定。因为人寿保险属于一种长期性质的契约，要长期支付保险费，这类客户需要等他们经济状况改善后再行动。

E级的客户对保险认识还不够，不大接受保险，销售员的努力也不够，需要下功夫深入调查。

F级的客户身体健康并且富有，还没有正式访问，需要调查。这些人可能在见面会谈以后，一下子晋升为A级。

A级到F级的任何一级客户，只要和原一平见了面，原一平会马上将接触的详细内容记录在客户卡里。比如，跟客户交往的时间、地点、谈话内容等；如果不能见面，详细原因是什么；自己为准客户所做的服务工作有哪些；自己对这次访问的意见等。

原一平会根据这些记录，回忆当时与客户交谈的情景，然后通过反省做下面两件事情：检讨错误的内容，加以修正或者补充；修正自己的姿态，以便于更接近准客户。

从资料库里，不但可以看到客户的全部情况，也能看见自己在这次销售中的努力，然后反省检讨，拟定出下一次的推销策略。

在闲暇时，原一平会把资料库里的资料卡翻看一下，看看过去的工作有没有疏漏的地方。如果有，就加以调整，然后进行下一步工作。

有一次，原一平看报纸的时候，突然发现一个人，这个人是很久以前被他从F级淘汰的一位先生。

于是，他立刻去资料库里寻找这位先生。然后，当天就拜访了这位先生。

关于他的资料库和客户卡，原一平有一句很经典的话："我的准客户卡都是有血有肉有生命的。他经过多次的记录与检查后，已经成为我的知己，陪伴我度过无数的岁月。在一张张卡片上，我看到了自己成长的痕迹。"

原一平对每个客户做到了"有备而来"，客户的情况随时在变，原一平的资料库也随时在变。他切实把握住每一个有利的契机，有的放矢地进行推销。

作为一个销售人员，对于每一个客户都要做到有备而来。对客户了解的销售人员要比对客户一无所知的销售人员更容易成功。把自己的知识"备"好，把客户的信息和需求"备"好，对销售人员来说是缺一不可的。

在销售中，要懂得积累，不光是积累销售技巧，还要注意积累客户信息，对交流过的客户有个"备份"，对于以后的销售也是十分有用的。每一个销售精英都有自己的客户资料库，他们可以根据资料库随时把潜在客户挖出来。

有了客户的资料和对自己产品的了解，才能对症下药。

总之，销售的时候要多思考、多积累，才能迅速成长为一名销售精英。古语说得好："思则有备，有备无患。"那么销售人员怎样才能做到有备无患呢？

1. 销售人员在销售之前要做好心理上的准备

无论是久经沙场的老将，还是初涉销售领域的新手，都必须做好心理准备，树立自信心，以积极向上的心态、冷静豁达的态度迎接销售过程中的一切困难和障碍。

销售人员每一次的销售活动都是对自己的一次挑战。要想获得成功，必须克服不良的心理因素，树立和培养健康、有益的心理素质，以爱心和诚心来对待客户，以强烈的自信心来迎接挑战，以恒心来面对客户的拒绝。销售人员只有调整好自己的心态，才能在销售行业越走越稳。

2. 销售人员在销售之前要做好知识准备

上门拜访是销售活动前的热身活动。拜访之前，销售人员除了熟练掌握自己产品相关的知识之外，还必须掌握其他多方面的知识。因为，销售人员要接触的客户可能是形形色色的，他们的知识层次也是不一样的。如果销售人员的知识面很窄，就无法与客户沟通。

3. 销售人员在销售之前要做好被拒绝的准备

销售人员在推销时，很多时候都会遭到客户的质疑，这时销售人员不应气馁，而应站在客户的角度去想：初次接触一个陌生人，由于双方不了解，谁都会产生本能的抗拒，以保护自己。这并不是客户从内心讨厌你，看不起你。销售人员应想办法多与陌生客户沟通，打消其疑虑，逐渐建立起信任感。

4. 销售人员在销售之前要做好仪表上的准备

要想上门拜访成功，仪表准备就显得尤为重要了。保险销售人员应选择与自己个性、年龄、肤色、身材相适应的正装，以体现专业形象。有些公司为了让保险销售人员展示出良好的个人形象还统一着装，给客户留下公司很正规、企业文化良好的印象。

总之，销售人员一定要在拜访客户前做好充分的准备，"不打无准备之仗"才能增加拜访成功的可能性。

瞬间成交技巧十一

三思而后行

销售人员在进行销售时，切记遇事不急行盲从，要三思而后行，先判断后行动。虽有令必行，但磨刀不误砍柴功，将销售的策略和方案了解清楚，三思而后行，这样才能在营销工作中游刃有余，做起事来才能事半功倍，才可能摆脱永远在基层做执行者的小卒身份。

歌德曾说："决定一个人的一生，以及整个命运的，只是一瞬间。"是啊，往往我们一瞬间的冲动，就会毁了自己的一生，所以在我们遇事的时候，不妨多考虑一下，做到"三思而后行"，也许事情就会出现不一样的结果。

从前，有一对夫妻养了一只狗，他们非常喜欢它，就在日常散步时也常带着它。狗也很尽责，有生人来根本不让进门，直到夫妻俩劝住它。

后来，这对夫妻有了一个儿子，自然就疏远了狗，那条狗也经常用一种好像是嫉妒的眼神看着他们刚出世的儿子，开始他们怕狗会伤着儿子，想把狗送走。谁知过了一段时间，好像狗比他们还更喜好他们的儿子，经常一动不动地在摇篮旁看着他们的儿子，有时还会学着他们的样子推着摇篮哄儿子睡觉，儿子似乎也熟悉了它，只要这条狗在旁边，他就不会哭，还很开心地和它玩！

看到这样，夫妻俩也就放心了，所以他们经常出去买菜或者办事都让狗独自看着儿子。因为他们相信这条忠实的狗甚至超过其他一些人！

一次，他们要去临近的县城办事，几个小时才能回来。走时，他们把儿子喂饱，然后拍拍狗，指指儿子，让它好好照顾儿子，狗就像平时一样向他们汪汪叫了两声，意思是让他们放心去。

夫妻俩办完事回家后，看到周围都是血迹，狗从屋里跑出来，舔着他们的手，只是它嘴和身上都是血迹。他们明白了：畜生毕竟是畜生，不管平时多么忠实，但有时也会爆发野性。他们呆呆地看着这一切，半天才回过神来。

突然，男主人冲进厨房，从厨房拿出一把菜刀抓住狗，毫不犹豫地将刀落下，狗一声不吭地倒下了。看着地下狗的尸体，他们仍呆呆地站着……

过了一会儿，屋里突然传来婴儿的哭声，他们赶紧跑进去一看，儿子正好好地躺在床上，顿时他们就后悔了，一定是冤枉了他们的狗，但那些血是怎么回事呢？他们在家里搜索了一会，终于在外面的大床下发现一条蛇，被咬得七零八落，到处都是血，他们明白了：当狗发现这条蛇对儿子有威胁时，先把儿子叼到里屋，然后独自在外面和蛇展开搏斗，把蛇咬死，保护了儿子。他们这才想起为什么狗的嘴上和身上都是血，再想到自己的残忍，不禁抱着儿子跑到狗的尸体旁痛哭失声，痛恨自己为什么不把事情看清楚，可是大错已铸成，他们只好把狗拿到郊外埋了，并为它立了块碑，上面写着"义犬之墓"。

许多人在遇到事情时，总是不懂得缓一缓，结果在冲动下做出让自己后悔的事。所以，我们要学会调节自己的情绪，多考虑一些，使自己波动的情绪有时间得到缓冲。当我们闹情绪时，耐心思考解决问题的方法远比找其他的人发泄来得高明。学会遇事时用思考代替动怒，我们就是人生的智者。

从这个故事里，我们可以看出三思而后行的好处。三思而后行让我们做事谨慎，更好地把握未来事物的发展，这也是销售人员要注意的一个重点。三思而后行可以指导销售人员用心观察市场，把握市场行情，判断出市场的本质需求，做出更加符合市场需要的决定，从而销售成功。

某家酒厂最近推出了一款新酒，然后开始新产品的上市。新酒有完整的品牌规划和系统的视觉形象设计，但没有广告。因此，宣传新酒就需要下大手笔。

酒厂经过一段时间的观察，仔细考虑了新酒的实际情况和市场需求，充分利用了新酒视觉形象设计系统。分别用"成功篇""完美篇""细腻篇""健康篇""婉约篇""自由篇"六种主题海报作为广告冲击的主要内容，所有的海报都传达了同样的品牌核心价值。另外，海报制作的材料也从普通的纸张延展到手绘POP、KD板材以及户外的大型喷绘巨幅，增强了人们的视觉冲击效果。同时，新酒积极争取酒类专卖局的许可，然后仔细考虑到消费者非常注重酒的口感的问题，立刻拉出300条横幅，全部传播同一个内容——"酒类专卖局推荐产品——口感好"，这个做法一下子强化了产品的质量。丰富的海报，良好的"口感"，让新酒迅速上市。

一个半月以后，这家酒厂对市场30家比较有规模的酒类贸易商行进行跟踪调查，发现新酒的购买率高达38.75%，远远超过了预想的销售额。

新酒的宣传是采用了三思而后行的做法，先是判断出市场的情况和动向，然后根据市场需求结合自身优势，做出相应的反应。同时，在消费者很注重的口感上下了功夫，赢得消费者的认可，从而销路大开。做事情要三思而后行，做销售也要三思而后行。把握住市场的发展和需求，进而把自己的产品卖出去才是硬道理。至于如何把握和勤于思考，是与分析离不开的。所有因素都考虑过后，做出最迎合市场的做法，等于成功了一大半，后面进行的事情也会顺利很多。这就是在销售上三思而后行、先判断后行动的道理。

其实，任何一个构想和计划的成功都是以思考为出发点的，往往思考得越全面、越深入，获得的收益也越大。作为一个销售人员来说，制订目标、拟订计划等都是日常销售中要思考的内容，而且我们思考的正确与否关系着交易的成功。因此，我们一定要有勤于思考的习惯，只有通过每日的练习，我们的思考才能变得越来越有效率，才能及时发现问题、解决问题，才能想得比别人更深、更远，才能做出正确的决策。

"三思而后行"是前人为后人留下的警世格言，也是追求成功的人生所必须遵循的法则。您要想人生有所作为，要想减少人生的失误，那么请您三思而后行！

"三思"就是对事物的一个判断，把握事物的发展规律，而"后行"则是抓住事物发展的关键，做出最大限度符合自己利益的事情。其实，最通俗的话就是，拿捏好了再行动。如此一来，不但免去很多麻烦，还能使事情发展极为顺利。

作为销售人员，我们在销售活动中非常忌讳草率行事，大意妄为。在销售过程中，我们首先会面对许许多多不同类型的客户。其次，沟通的开始也是艰难且重要的。所以，这就要求销售人员应该懂得在每个销售活动开始前，三思而后行，先判断后行动。只有这样，才能提高销售的成功率。

安然和孙平都是一家化妆品品牌专营店的店员，不同的是安然在离店门口很近的甲化妆品专柜当销售导购，而孙平则在靠近角落的乙化妆品专柜当销售导购。

一天，她们所在的店里来了一位20来岁的小姑娘。小姑娘身材很好，皮肤也很白皙，唯一不足的就是脸上长了很多痘痘。

在小姑娘刚一进店时，安然和孙平就同时看到了她。这时，离店门很近的安然首先迎了上去，很有礼貌地说："您好，请看您需要点什么？"

但小姑娘只是径自看着安然所销售的专柜里的化妆品，并没有回应安然的话。安然为此并不灰心，看着小姑娘脸上的痘痘，关切地问道："您是想买祛痘的产品吗？"

小姑娘一听这话，脸色马上就变了，生气地说："我说要买祛痘的产品了吗？你知道我给谁买你就这样说？怎么卖东西？"

安然被小姑娘这么一说显得有点失落，没想到自己她的一片好心却换来这样的拒绝。而在一旁专柜的孙平却早将这个小姑娘看了个透彻，看她的眼神关注的产品都是抗衰老且具备新活再生功效的，马上断定她肯定不是为自己买化妆品。于是，她马上一边帮安然解围，一边平息小姑娘的怒气，一边走上前去微笑地说道："您好，小姑娘来这里看看有没有你需要的产品？"

小姑娘一边被孙平拉着往里走，一边嘀咕道："真是的，又没有问你，真是自作聪明……"

"来，看看我们这个品牌有没有你喜欢的。我们这个专柜里产品种类可丰富了，有美白养颜的、抗皱护肤的和保湿锁水的。小姑娘，你是先自己看看还是由我帮你介绍呢？"孙平在介绍时刻意避开了"祛痘除疤"这一项没说，小姑娘的脸色稍微好转了一些。

"我是想给我妈买防晒霜，根本就不是为自己买化妆品的，看我脸上有痘痘也不能这样问啊！"小姑娘一边说明来意，一边还有些愤愤，"对了，姐，你能帮我介绍一款吗？"

"好啊，这款就不错，又具有防晒功效，还能美白锁水，挺适合你妈妈的。而且这个还是植物精萃的，适合各种肤质，这款卖得特别好！"听着孙平专业又精当的介绍，小姑娘不停地点头。

孙平一边讲解，一边拿产品往小姑娘的手背上做演示。因为演示比较有技巧，看起来效果真的不错。小姑娘又问道："这款价格怎么样？"

"价格也很合理啊，不然怎么能那么走俏呢，对吧？一瓶才99元，但我认为这款产品真是物超所值！买回去送给你妈，你妈也一准儿夸你会买东西，识货。"孙平适时地开着玩笑。

"那好吧，给我来一瓶吧！"小姑娘听孙平说得有理，当即买下试用的那款产品，高兴地走了。

其实，安然和孙平一样是一个热情敬业的销售员，但就是没有孙平聪明。孙平之所以能卖出产品，就在于她没有急于行动，而是先观察好顾客，对顾客有个大概的了解和判断后，才开始采取行动。这样揣摩顾客的心理，就容易促成销售的成功。

其实，做销售和做普通的事情一样，并没有我们想象得那么深奥复杂。做事情三思而后行会在事情发展的时候顺利很多，做销售先判断后行动也是如此。做销售前，要切实把握市场的动向，结合产品的优点，多多思考。这样一来，做销售的时候就方便很多。

销售人员在做销售时，勤于思考是必不可少的。如同做数学题一样，考虑多，"写"必然少。针对销售对象，仔细观察，抓住关键，主动迎合，一招即赢。这样做，也就是所谓的"达人心之理，见变化之朕焉，而守司其门户"，通晓人们思想变化的关键，揭示事物变化的征兆，从而把握事物发展变化的关键。

1. 思考可以让我们发现机遇

很多人都在感叹自己生不逢时，没有成功的机会。其实，这个世界上到处都是机遇，关键看你是否有去发现它的眼睛。而思考就是寻找机遇的"放大镜"。遇到有不解的事情，多问几个为什么，多想想怎么解决，有没有更好的方法等，这样我们就能够发现机遇。

许多销售人员总是抱怨，销售不好做，客户不好找，产品不好卖。其实，这都是因为自己不善于思考，不善于发现市场销售的机遇。

小徐是一名水泥推销员，随着市场的饱和，推销的竞争力越来越大，尽管小徐努力工作，但业绩还是没有提升。

一天，小徐市郊的一个工地进行推销，虽然对方觉得他提供的产品和服务都很好，但无奈他们早已经和另一家工厂签订了合同。不过，小徐却发现，由于天气炎热、潮湿，工人们每天都只穿短裤干活，而身上沾着的水泥浆之类的碱性物质，混合着汗水流到下体，再加上长时间的活动、摩擦，许多工人都有下体阴囊附近皮肤红肿，疼痛难忍的苦恼。小徐当时就想，要是有一种东西能够帮到这些工人，那东西的市场销售路一定会很好。

晚上回到自己的住地，小徐从电视里看到女性卫生巾广告时，突然脑子里一亮，想："卫生巾，一定能够帮助那些工人在那样的工作环境下保护自己的身体，如果我向男性推销卫生巾，一定能够成功。"

小徐是一个善于思考、善于从现象中发现机遇的人。思考，将他带上了成功市场销售的道路。

培养自己具有勤于思考的习惯，对于周围发生的一切事情和现象，我们自然会去观察、去思考，然后总结提炼，从而抓住机遇，获得成功。

2. 善于思考才能在逆境中获得超脱的力量

小许为了谋求更大的发展，到北京开了一家服装店。但由于她多年来一直生活在小县城，对都市人的品位不够了解，所以她进的货，根本就卖不出去，顾客们都嫌她卖的衣服不够时尚。

看着堆积的货物，小许一筹莫展，可是又不甘心自己的血汗钱就这样水漂，她暗暗告诉自己一定要想办法把这些货物都卖出去。

小许开始留意电视上的时尚节目，每次经过书摊时，她也会翻阅关于时尚服饰的杂志，她留意到那些时尚的衣物与自己的衣物相比，多了些饰品，或者是一条项链，或者是一条腰带，或者是一个胸饰，这就能让衣服给人眼前一亮的感觉。于是，她想到将衣物和饰品搭配起来卖。

就这样，小许不仅将自己积压的衣物卖了出去，而且还从饰品上大赚了一笔。

如果不是小许善于思考、头脑灵活，她能够从逆境中超脱出来，发现如何将衣服卖出去的方法吗？

世事洞明皆学问。只要善于发现、善于思考，生活中每一处都孕育着成功的机会。其实成功的本质是蕴藏在人们内心的，一心追求成功的人，随时随地都能受到启发。

不可否认，善于思考的人才能快人一步、高人一等。他们不容易被旧观念或所谓的定论所束缚。他们善于挑战这些思维的桎梏，进而创新，先别人一步走入新的领域，快别人一步到达高峰。一个人如果不善于思考，那么无论他的学识多么渊博、多么刻苦勤奋，他都很难有创新和突破。

同样，在销售中，勤于思考往往能够给销售人员带来巨大的益处。成功和财富都愿意亲近那些眼光敏锐、思维活跃、具有独立性和创新精神的人，而这些都可以通过勤于思考来培养。

当然，这里还需要强调一下，三思而后行不是指思考越多越好，要有分寸。思考太多犹豫不决反而会变得优柔寡断，耽误事物发展的最好时机，也会错过销售的最好时机，让其他人捷足先登。孔子有言："再，斯可矣！"他所要指出的就是思考要有度。做销售时，切记要注意这一点，要果断不要寡断，做到三思而后行，不武断，却要果断。先判断，后行动，力争做到干净漂亮。这是真正的"赢"销。

瞬间成交技巧十二

销售如棋盘，要懂得布局

推销需要经历一个过程，一个与客户打交道的过程，这就好比是与人下棋，下棋同样也需要经历一个过程，总不能一开始就"将军"。下棋要一步一步地走，推销也要一步一步地推。为了把产品推销出去，开局就要占据有利位置或战略性位置。只有这样，销售人员的业绩才会得到大大提升。

销售如棋盘，销售人员要懂得布局。当然，下棋不能一开始就"将军"，而要一步一步地走，做销售也是如此。销人员要想将自己的产品销售出去，就必须有扎实的基本功才行。

第一，要让客户了解你的产品及产品的相关信息

让客户了解你的产品及相关信息，是推销要做的第一步。其实，做这一步并不难，进门之后和客户说几句话就可以让他们知道。但为了让客户知道，就要登门拜访。做销售是一件辛苦的事，为了成功，销售员当然不能怕苦；但不怕吃苦并不等于到处乱跑。拜访客户要讲究目标、路线和步骤，提高效率、增加兴趣。

第二，要让客户明白你所要销售的产品的性能、质量、价格等

如果销售人员不能让客户明白，那么客户就不会购买你的产品。让客户明白就是让客户将你要销售的产品的性能、质量、价格等都弄清楚。但现实问题是：客户由于工作忙，大多不能给你太多的时间，那么，销售人员能不能在极短的时内将自己产品的优缺点说清楚，就成了对销售人员的重大考验。另外，有的客户并不想弄明白你要销售的产品，因为他对这种产品根本就不感兴趣。那么，如何引起客户兴趣就显得格外重要了。

第三，要让客户相信你，信任你

由于客户不了解你和你的企业，或者说还不能确信你的产品。这时候，你还要做进一步的工作，那就是让客户相信你。让客户相信你离不开必要的证明材料，如某人介绍的等，但只有这些是不够的，有时，一句话、一个表情甚至一个眼神都会让人家起疑心。销售人员一定要加强自己的诚信修养，因为诚实守信的人总会比不诚实不守信用的人更容易得到别人的信任。

第四，要让客户心动

客户的心理是复杂多变的。在你向他们推销的过程中，他们可能还在为购买你的产品的究竟是否是物有所值而思考，可能还在要不要用这个产品来替换原有的同类产品而犹豫不决，也有可能还在考虑手头的钱是不是很富足。聪明的销售人员都是善于察言观色的，他们一旦发现了客户的微妙心理，就会说几句贴心话，这样就有可能让客户动心。

第五，给客户一个选择的机会

有经验的客户都会有很强的选择意识。他们在初步决定购买你的产品之后还会思考这样的问题，也就是其他公司的产品是不是会比你们的产品质量更可靠、价格更便宜等。有的客户还会在时间选择方面动脑筋，即在考虑究竟是现在购买合适还是将来购买更合适。销售人员如果发现了客户关心这方面的问题，也要实事求是、恰如其分地做一些有效说服工作。

第六，要让客户放心

客户通过对比思考，一旦打算购买你的产品，那么剩下就是担心产品的质量问题。这时，销售人员要有针对性地回答客户提出的问题，使他们打消顾虑，最终相信你们的产品。

第七，要让客户决定

客户的认识有时候容易反复，当有人在旁边对产品产生质疑时，他们的决心就更容易动摇。那么，销售人员要对成交之际可能发生的意外情况做好充分的心理准备，并随时坚定而又巧妙地迎接各种带有颠覆性的新挑战，直到客户最后决定购买为止。

下棋讲究灵活变动，销售当然也一样。上述七步只是一个前提条件，并不是说做到了一定能成功。由于产品及客户情况千差万别，很难指望机械地走完这"七步"就能获得成功。但不论产品及客户情况怎样复杂多变，上述七个要素总会存在于销售的过程当中。

一个会下棋的人，总是善于琢磨对方的思路。见招拆招，因变而变，是好棋手的高明之处。用下棋的思路，来做销售，就会不期而遇。有营销思维的销售人员，最擅长动用身边的智慧，以下棋的思维去玩销售，还有一个好处：超然于表象，直击要害。有了此种一击而中的本领，销售业绩何愁不能提高呢？

在销售的过程中，销售的几个步骤，是环环联系关系的。借助自己或对手的棋子，来个连环跳，是下棋人乐于去做的事。但从开始的客户线索，到终极的签约执行，有多少步骤要走，并不是完全固定的机械动作。销售治理做到60分，每个销售职员都在上面加分，一支看上寻常的销售团队，其战斗力往往赛过那些高手云集的明星团队。而且，要学会抓大放小，不因一时的得失，而忘了自己的初始目的。

另外，销售要讲究节奏感，开局、中盘和收官，稳扎稳打，积小胜为大胜。销售，尽管每次都会有所不同，可本质上仍是大同小异的。因此，要有大局观，才能看准对方的招数变化机理，由于销售需要见招拆招，需要良多"急智"，平日里的实战研究就很重销售是不可控的。反之，在你走到第四步时，却发现自己对客户需求了解得不够，方案没有针对性，就不得不返回到原点进行"补课"。所以销售人员在销售时要做到善于分析，工于心计。

做销售，就是和社会上形形色色的人都有交集，和各种各样的人交流或者交往，这就需要销售人员有一个善于分析的大脑。针对什么样的人说什么样的话，可以用一句非常俗的话来表示，就是"见人说人话，见鬼说鬼话"，只有这样，才能将自己的产品销售出去。

销售人员接触的大部分都是社会上的人，所以这些人在社会上的时间长短和阅历深浅就非常需要销售人员去注意，需要暗中揣测他们的实力和智谋、长处和短处，避其锋芒而抓其软肋，从而迅速达到销售的目的。

在销售上，工于心计也是非常重要的。很多人都把"工于心计"理解成"攻于心计"，"攻心"为上。其实，这充其量只是一个方面。真正的"工于心计"是指：在心计上永远不吝惜算计，不断地费尽心机认真思索怎样能不吃亏，精心策划每一件事，就像精心走完一局棋一样，并有好的才思来组织这些思考策划。不仅要"攻心",而且要布局,让客户慢慢走进自己布的局中,进而达到销售的目的。

总之,善于分析、工于心计是销售的一个重点,它主要告诉我们通过分析销售对象的性格特点,抓住其中的关键,做出相应的布局,最终达到销售的目的。

所以,销售人员要像哆啦A梦一样善解人意、像柯南一样善于分析、像王熙凤一样工于心计,这样才能将各种各样的顾客都掌握在自己的手中。

小蔡是一个保险公司的销售员。在保险中有这样一种保险,客户要求保险的险种越特别,保险的险金就越高,相应的提成也就越高,有野心的保险销售都喜欢做这样的险种。小蔡也是一个很有野心的销售员,但她因为没有这样的客源,也只好作罢。一天,小蔡终于找到了一个做这种保险的机会。

小蔡哥哥所在的公司是一家很有实力的大企业,而前不久他们公司新来了一位女副总,听说这人对保险、风投很有兴趣。小蔡一听,高兴得不得了,但怎样接近这位女副总却是一个难题。

小蔡经过多天的思考,终于有了计策,于是她就开始了行动。

一天,在某瑜伽馆里,小蔡正在练高温瑜伽。突然,一个三四十岁的女士走了进来,惊讶地说:"你是新加入的吗?你也喜欢练高温瑜伽?"

"是啊,高温瑜伽不但可以促进新陈代谢,还可以减肥健身。很多人不喜欢,但我却情有独钟。"小蔡一边练习着动作,一边瞄了女士一眼,也惊讶地问道:"您这款瑜伽服是××教练的,跟我的一样,真是太巧了!"

这位女士看了看小蔡的瑜伽服,也惊喜地说道:"真是太巧了!我们都喜欢瑜伽,又都是一个教练,说起来还挺有缘的,是吧?"

"嗯,我刚开始练习不久,有什么做的不到位的,您多提醒着点。"

"好啊，没问题！"

"那真是太谢谢您了，为了表示感谢，一会儿我请您喝咖啡吧？"小蔡试探着问道，没想到那位女士爽快地答应了。

于是，两人出了瑜伽馆，很有默契地来到一家咖啡馆。

"你也喜欢来这里……"两人不约而同地问道，默契的两人笑了起来。这时，服务生走过来，问两人喝什么咖啡。"不加糖的拿铁。"两人又同声回答，几次下来两人的关系一下子亲密起来。

"太有缘了，咱们的品味竟然这么相同！"那位女士不禁感叹道，小蔡也点头称是。

就这样，两人经常一起练习瑜伽、喝咖啡、聊天。志趣相投的两个人，就像多年的老朋友一样，无话不谈。

一天，小蔡对这位女士说："大姐，实在对不起，我今天还有工作，必须走了。"

那位女士显然还没有尽兴，不舍地问道："你是做什么工作的？怎么周末还上班呢？"

小蔡刻意表现出同样不舍的表情，说道："我是一名保险推销员，这个月业务量还没有完成。所以，不但周末上班，可能得有一段时间不能和你见面了。"

"这样啊，咱们这么有缘，我买你一份保险。不过现在啊，你得陪我去喝杯咖啡，咱们好好聊聊，我就喜欢跟你聊天。"那位女士哈哈大笑道。

"好呀，我也特愿意跟您在一起呢！"说着，小蔡就挽着那位女士的胳膊，向咖啡馆走去。

后来，小蔡真的在那位女士那儿签下了一个大单。

其实，那位女士就是小蔡哥哥公司新来的副总。小蔡也不是巧遇副总，而是通过哥哥打听到副总有什么爱好、喜欢去什么地方等，然后制造巧遇而已。

上面故事中的小蔡可谓高明至极。当销售局面无法打开时，她懂得先冷静思考，再制定策略，最后开始行动打入客户的内心。一旦客户没有了心理防备，对销售人员产生信任，销售也就成功了。试想，这样巧妙地工于心计，销售工作能不成功吗？

海尔产品是国内家电行业的知名品牌，无论是质量还是服务都在同行业中占据首位。它的成功源于领导人的善于分析、工于心计。

1996年，一位农民打电话来投诉海尔洗衣机排水管老是被堵。服务人员上门维修时发现，这位农民居然用洗衣机洗地瓜，由于地瓜泥土大，不能及时排出，排水管当然会堵塞。面对这种情况，服务人员并没有着急推卸责任，而是帮顾客加粗了排水管，这样排水管就不容易堵了。顾客感激之余，埋怨自己给海尔人员添了麻烦："如果能有专门洗地瓜的洗衣机，就不用烦劳你们来维修了。"海尔人将客户的反映记在心上。海尔立刻派人到调查农民使用洗衣机的情况。调查结果发现，在盛产地瓜的区域，每当地瓜大丰收的时节，许多农民除了卖掉一部分新鲜地瓜，还要将大量地瓜洗净后加工成薯条。但地瓜上沾带的泥土洗起来费时费力，于是农民就动用洗衣机。更深一步的调查发现，在地瓜生产的区域有不少洗衣机用过一段时间后，就会出现电机转速减弱、电机壳体发烫（地瓜重量大、泥土多导致）等问题。向农民一打听，才知道他们冬天用洗衣机洗地瓜，夏天用它来洗衣服。这令海尔的负责人张瑞敏产生了一个大胆的想法：发明一种洗地瓜的洗衣机。接下来，海尔立刻为该洗衣机立项并投入生产。这种洗衣机不仅具有一般双桶洗衣机的全部功能，还可以洗地瓜、水果甚至蛤蜊，价格仅为848元。首次生产了一万台投放农村，立刻被一抢而空。

夏季是洗衣机的销售淡季，每到这段时间，很多厂家就把促销员从商场里撤回来。张瑞敏为此很是不解：天这么热，出汗那么多，人们就不洗衣服吗？调查结果发现，不是人们不洗衣裳，而是夏天里5千克的洗衣机不实用，水电都浪费，夏天衣服少，攒够一大堆才洗一次。于是，海尔的科研人员很快设计出一种洗衣量只有1.5千克的洗衣机。这种洗衣机投产后，很快就风靡全国。

专家指出，目前洗衣机市场已进入更新换代、需求快速增长期。始终靠技术创新领先市场的海尔，通过多年以来的技术储备和市场优势的积累，在快速启动的洗衣机市场上占尽先机。海尔的一款"双动力"洗衣机是海尔根据用户的需求，为解决用户对波轮式、滚筒式、搅拌式洗衣机的抱怨而创新推出的一款全新的洗衣机。由于集合了洗得净、磨损低、不缠绕、15分钟洗好大件衣物、"省水省时各一半"等优点于一身，满足了人们新的洗衣需求。产品上市仅一个月，就创造了国内高端洗衣机销量、零售额第一名的非凡业绩，成为国内市场上升最快的洗衣机新品。

据统计数据显示，海尔洗衣机市场份额占居全国第一，尤其在我国华北、东北、华东、西北、中南、西南六大地区市场分别稳居第一，且与竞争对手的距离越拉越大。

市场的需求是源源不断的，只有善于分析的厂家才能抓住商机。

作为一个合格的销售人员，因为接触的是三教九流的人，必须要有一双善于发现的双眼和一个善于分析的大脑。根据客户的需要拿捏自己所说的话，达到引人入胜的地步。做销售如同下棋，需要周密的布局和精心的策划。之后，再对消费者晓之以理、动之以情，就不愁销售业绩不会提升。

上面对工于心计的解释有一句"不断地费尽心机认真思索怎样能不吃

亏"。其实，消费者在进行消费时没有不吃亏的，虽然卖家为了吸引消费者有很多优惠政策，但其实只不过是一种薄利多销的手段，俗话说"羊毛出在羊身上"，其实，所谓的优惠还是暗中转移到消费者身上。所谓的打折优惠只是吸引回头客的一个方法，也是布局里精巧的一步，因为品牌专卖店打折对消费者来说，是一个非常吸引人的条件，毕竟人们都喜欢物美价廉的东西。

善于分析要求在表象中迅速判断出客户的需求，而工于心计则要求销售人员用精密的思维和逻辑，一步步地诱导顾客，最终达成交易。这就要求销售人员在口才和心思上都有很好的技巧，销售人员必须在这两方面多下功夫。这些东西会在销售的过程中慢慢学会，只是时间长短跟阅历的问题，所以也不必急于求成。

瞬间成交技巧十三

用人脉的大网抓住大鱼

　　人脉对销售人员来说意味着一切。其实，销售就是与不同的人打交道的交际工作。如果销售人员不能很好地处理人际关系，那么即使你具有很好的销售技巧，很好的商品，结果一样会失败。因为没有哪一个顾客会愿意从自己不喜欢的销售人员那里买东西。因此，销售人员只有建立良好的人脉，才能在销售中左右逢源，顺利地开展工作，从而促使产品的交易成功。

　　人脉说到底就是以利益为导向，以价值为核心建立起来的人与人之间的关系网络。它影响着社会中每个人的生活方式和价值趋向。不同阶层的人都有各自的关系网，无论这层关系网是如何建立的，它都会对我们的工作和生活产生一定的影响，有时甚至是决定性的。

　　美国成功学大师戴尔·卡耐基经过研究发现：在一个人的成功中专业知识的作用只占了15%，而人际关系占了85%。由此可见，人脉对一个人一生的重要性。人脉虽然重要，但经营人脉不能急于求成。如果你想与他人维持很好的人际关系，最起码就要与他长期、不间断地联络。生活中，很多人总是千方百计地寻找快速致富的方法，殊不知人脉资源越丰富，也就越容易打通钱脉；你的人脉网络越通达，你的钱脉也就越顺畅。因此可以说，人脉是一个人开展事业最重要的因素，而且也是一个人是否能够成功的关键。

其实，人脉关系在销售中销售的是信赖感，顾客要购买你的产品，首先是要信赖你，信赖你的产品，信赖你的公司，然后才会购买，如果顾客信赖你，那么你成交的概率就会大大提升。人脉销售不以自己为中心，它合乎人性并与顾客有着良好的情感关系，以服务为目的，注重双向成功，以使买卖双方通过交易都成为赢家。

人脉关系在销售中如此重要，是因为人脉关系可以丰富一个人的人生。如果一个销售人员有很广泛的人际关系，那么他就可以从不同的客户那里学到很多的知识与经验，会让自己的生活品质与事业品质得到提升；人脉可以让销售人员的业绩更加突出。销售人员只有维护好与客户的关系，才会有机会向客户进一步介绍自己的产品；人脉关系可以为销售人员带来巨大的潜在价值。这种价值也许不能立刻显现，可能以一种潜在的方式存在，但它在一定条件下可以进行转化。比如现在的客户可以为你介绍一些新的客户等。

销售天王金克拉在推销时，总会随身携带两张白纸。一张纸上密密麻麻地写着许多人的名字和顾客的推荐词或推荐信；另一张纸上则是空白的。他拿这两张纸到底有什么用呢？就是在销售中遇到顾客拒绝时，他就会拿出那张写满字的纸对顾客说："某某先生/女士，您认识某某先生吧？您认识某某先生的字迹吧？他是我的顾客，他用了我们的产品感觉很满意，他希望他的朋友也能享有到这份满意。您不会认为这些人购买我们的产品是件错误的事情，是吧？"

"您不会介意也把您的名字也加入到他们的行列中去吧？"

有了推荐词或推荐信。金克拉的销售变得异常顺利。

那么，另一张白纸是做什么用的呢？

当金克拉成功地销售出一套产品后，他会拿出一张白纸，说："某某先生/

女士，您觉得在您周围的家人和朋友中，还有谁会需要我的产品？麻烦请您介绍几个让我认识，以便使他们也享受到与您一样的优质服务。"接着把纸递过去。

一般情况下，顾客都会为金克拉推荐几个新顾客。就这样，金克拉依靠顾客推荐系统慢慢建立起了自己的储备顾客群。

从金克拉的成功中，我们可以看出人脉在销售中的作用。但在现实生活中，每个人的交际圈都是有限的，而销售却是无限的。因此，要想成为一名优秀的销售人员，取得优秀的业绩，就必须要学会建立自己的人脉网。

汤姆·霍普金斯是全球推销员的典范，被誉为"世界上最伟大的推销大师"，他不但能快速地挖出潜在客户，而且还能让新客户为其争取更多的潜在客户。在销售行业广泛流传的"把冰卖给因纽特人"的故事，就是汤姆·霍普金斯模拟的一个生动典型的例子。下面我们来看看他是如何将北极冰公司生产的北极原冰卖给北极圈里的因纽特人——阿默斯林的？

"您好，阿默斯林，我叫汤姆·霍普金斯，是北极冰公司的销售员，我想向你介绍一下我们北极冰公司生产的北极冰。"

"你可真有意思，你是来卖冰的吗？冰在我们这儿可不稀罕，我们不需要花钱就可以随时随地到外面去取冰。你应该知道，我们这里冰天雪地什么都缺，就是不缺冰。"

"你说得有道理，不过经济学里有一个质量价格定律：质量好的东西价格比较高，但是你看看这些不需要钱的冰是什么样子：狗熊在冰上打滚，把冰搞得一塌糊涂；企鹅在冰上摇摇摆摆地走过，后面留下很多的排泄物；人们在冰上杀鱼，将鱼的内脏扔得到处都是……这些好好的冰被搞得一塌糊涂。我用我的人格保证，像你这样一个注重生活质量、对家庭负责、有爱心的人是一定不会将外面的冰取回来，添加到你家人的饮料里的，对吗？"

"那当然！不过我宁愿不去想它。"

"也许这就是这里的冰为什么不用花钱的原因。"

"对不起，我突然感觉有点不舒服。"

"我明白，这些不经过消毒的冰，直接放入您家人的饮料当中，您肯定会感觉不舒服。如果您想感觉舒服，就必须得先消毒，那您原来是怎样消毒的呢？"

"煮沸吧。"

"是的，煮过以后您又剩下什么呢？"

"水！"

"您这样是在浪费自己的时间，还有电或燃气。假如您愿意在这份协议上签上您的名字，今天晚上您的家人就能享受到最爱喝的、干净卫生的北极冰块饮料。我们这些冰一美元一打，现在还给您打八折优惠，您买两打还是三打？"

"我想请问一下，刚才在冰上杀鱼的邻居跟您很熟吗？"

"那当然了！"

"说不定他跟您一样，对家庭有责任感，也富有爱心，能不能介绍我认识一下呢？"

结果可想而知，阿默斯林不仅买了他的冰，而且在他的带动下，汤姆·霍普金斯的销售立即可以到第二位、第三位，甚至更多的因纽特人。

通过汤姆·霍普金斯的销售可知，销售人员在销售中不仅要得到此次的订单，还要想到后续的销售问题，更要考虑到销售行为的持续问题，争取由一位客户延伸成为客户链，这样就可以得到一个持续销售的机会。

所以，销售人员在销售的过程中，应该有意识地让新客户变成老客户，并由老客户推荐更多的新客户。汤姆·霍普金斯曾多次强调，透过人脉介绍销售成功的机会，比直接销售给陌生人的机会要多400~600倍，由此可见人脉在销售中的重要性。而人脉网络建立的最好时机，就是在销售人员完成销售时。当你将产品成交后，不妨请客户帮你介绍新客户，因为你现在的客户所结识的人，有着相似的收入与兴趣，所以成功成交的概率就会很高。

由此可以说，人与人之间的这种人脉关系是以一种几何级数来增长的。无论是善于交际的人，还是不善于交际的人，身边总会有那么一群人。而对于销售人员来说，这群人正是你客户网的基础，是你的财富。

销售其实就是一种交际工作，作为一名销售人员，只有扩大交际范围，与不同的人接触，广泛扩展自己的人脉网，这样才能把销售做好。另外，你还要明白，销售人员没有固定的上班时间，因此你可以随时随地地结交人缘。

石磊是著名直销公司的推销员，最近由于业务的发展，公司打算派一位精明能干的经理去开拓一个新市场，可是公司没有一个人在那个地方有人脉，这时石磊就向经理请求去新的市场。

当石磊上了飞机，他就开始向空姐咨询那个城市的情况，很快和空姐成为了朋友，空姐把男朋友的电话给了石磊，石磊又和座位两边的乘客成为了朋友，由于石磊性格开朗热情，当他下飞机时，他手上已经有了十几个电话号码，石磊住进宾馆，很快就和服务员值班经理成为了朋友，经过两个月的努力，石磊的销售业绩让公司非常吃惊，破格提拔他为大区销售经理。当石磊离开那个城市时，有两百多人到机场给他送行。

也许你会说，我可没有他的能力。实际上，我们日常生活中遇到的每一个人都是你的人脉，都是你的客户。所以，建立人脉网需要从你身边的人入手。要知道你的家人、同事、朋友都可以成为你的人脉网中的一员。

20岁时，比尔·盖茨签到了他人生中的第一份大单，这份大单是与当时全世界成立最早的IBM公司电脑公司签的。当时，比尔·盖茨还是一位大学生，没有太多的人脉资源。他怎能钓到这么大的一条鱼呢？那是因为他的母亲。那时，比尔·盖茨的母亲是IBM公司董事会的董事，她介绍比尔·盖茨认识董事长，这不是很理所当然的事情吗？比尔·盖茨签到IBM公司的这个大单，奠定了他事业成功的第一块基石。

在销售中，竞争对手、客户都可以成为你人脉网中的一员。如果你的客户能够认可你，这不但可以在工作上给你提供帮助，而且还可以帮助你开发新的客户，即使将来你离开了原工作单位，与他保持联系，他还可以成为你新单位的客户或者给你提供其他帮助。现在不同行业的销售人员之间也有一些小圈子，大家在一起交流信息、经验等，你也要时常关注这些圈子，并加入其中。因为这些小圈子可以为你提供一些信息，从而拓宽你的人脉网。

美国人寿保险创始人弗兰克·贝特格曾写过这样一句话：即使看见成群结队的鱼游来，但若无准备也将望洋兴叹。若想有所收获，必须随时准备着抓鱼的网。而捕捉人生中成功的机会也和抓鱼完全相同。

其实，你能不能成为一名出色的销售人员，完全取决于你自己，如果你能够广结善缘，积极地拉关系，那么你就会建立起属于自己的"关系网"，这样成功也就会离你越来越近了。

成功就是70%的人脉＋30%的知识，既然人脉在销售中起着不可忽视的作用！那作为一名销售人员，应该怎样建立你的人脉网呢？

1. 建立人脉关系要有一种坚持不懈的精神

销售人员在建立人脉关系时，一定要有一种坚持不懈的精神，人与人之间的感情是越走越近的，如果你长时间不和顾客联系，顾客就会慢慢疏远你，甚至忘记你。

2. 在与他人交往中，要着眼于每一个细微的环节，多听少说

作为销售人员，要记住客户的每一个细节，比如客户亲友的重要纪念日，客户的生日，客户的爱好兴趣等，肯定有取得让客户惊喜的效果。

销售人员在销售中要少说会听。一个有能力的沟通者借着问题，不仅可以得到他想得到的答案，而且还可以了解对方，远超过问题本身的相关想法。那些会影响别人的人，就是那些善于倾听的人。如果要做个成功的销售高手，就要在销售的过程中少说多听。

3. 要懂得利用共鸣区域拉近彼此之间的心灵距离

如果你与对方有一个共鸣区域，那么彼此就会快速地变得亲密。所以，销售人员在与客户交谈中，要努力思考什么情况下可以建立更多的共鸣区域。只有建立了彼此之间的共鸣区域，你与客户的距离才会越拉越近。

4. 销售人员要学会多请求对方帮助，多向客户请教

每个人的智慧和知识结构都是不一样的，每个人身上都有你可以学习的地方。不断向各个客户请教，良师高徒的双赢模式会让彼此都受益。两个人会互相吸引，彼此合作，一定是因为双方有吸引彼此的地方。不断向客户请教，客户的心理感觉也很好，在帮助你的过程中他也会获得快乐。可谓一举两得的事，但要注意，在获得帮助后要运用"互惠"原则，及时感谢客户。

5. 要善于学习客户的语言，提升沟通技巧

如果你想改变一个人的行为，最好的方式就是改变自己的行为。如果他觉得你对他非常信任。他会在心里想："我喜欢那个人，他在说我的语言"，或者，"嘿！我喜欢他，他不错，和我很像，我可以信任他。"

销售人员还要注意，在谈话中不要使用别人听不懂的术语，卖弄学问只会阻碍亲和力的建立。当遇到别人抗拒你的想法时，并不是因为你的想法不好，而是因为他们不了解你的表达方式。说别人的语言，你会发现他们会更愿意回应你，他们会欣赏你的这份努力，同时也能增加别人对你的合作和支持力度。

6. 在与他人交往中，要积极建立你的价值并向他人传递你的价值

在与他人建立人际关系前，冷静问问自己：你对别人有用吗？如果你无法被人利用，就说明你不具有价值，你对别人越有用，你就越能容易地建立坚强的人脉关系。

一个老好人，固然有趣但毫无用处，但一个总不愿被人利用的精明人，也难以建立真正的人脉关系。在人际交往中，要善于向别人传递你的可利用价值，从而促成交往机会，彼此更深入地了解和信任对方。

7. 向他人传递他人的价值，成为人脉关系的一个联结点

你很有价值，你身边也有很多人各有自己的价值，那么为什么不把他们联系起来，彼此传递更多的价值呢？假如你只是接受或发出信息的一个终点，那么人脉关系产生的价值是有限的；但是，假如你成为信息和价值交换的一个联

结点，那么别的朋友也更乐意与你交往，你也能促成更多的机会，从而巩固和扩大自己的人脉关系。

所以，寻找并建立自己的价值，然后把自己的价值传递给周围的人，并且促成更多信息和价值的交流，这就是建立强有力的人脉关系的基本逻辑。

总之，对于销售人员来说，生命中最重要的一课就是如何与人交往与沟通，尽力去研究这门学问，才能不断扩展自己的人际关系网络，从而提升自己的业绩，更重要的是在人际交往中会学习到更多的知识与经验，实现人生的价值。

第三章

出奇制胜，
一锤定音成交

独特的形象让大客户记住你

一位优秀的销售人员首先必须坚持以信为本、以诚为荣、以义为准的原则，视服务客户为自己的天职，视客户为自己的衣食父母，视信誉和形象为立身的"通行证"，务实苦干，一丝不苟。其次还要具有丰富的内心世界，言谈举止落落大方，具备令人愉悦的气质和美好的风度。只要你能让自身的内在能量和礼仪观念成为你行动的指南，你就能在与大客户们接触的过程中，给他们带来真心的愉悦和信赖，而这种能力和你良好的信誉就会直接转化为大订单的成交。

在销售人员塑造自己的形象时，应当以诚实为先，实事求是。依靠弄虚作假编造出来的形象也许会存在于一时，但不可能长久存在。还要具有丰富的内心世界，有工作理想、有事业追求、有对生活的深刻理解、有独特的个性，不故作姿态、不随波逐流，聪慧、善良、洒脱，这样你便具备了良好的气质和风度。长此以往，你所代表的企业的知名度和美誉度一定会扎根于大客户们的心目之中，大订单自然也就唾手可得。你要坚信，通过自己不懈的努力拨开笼罩在签下大订单上的乌云，一定能等到那轮皎洁明月的到来。

1. 礼节当先

销售人员的礼节是销售业务中非常重要的一环。销售人员不懂礼节，往往会在无形中直接破坏交谈的结果。大客户是尊贵的，他们只向值得信赖、礼节端正的销售人员购买产品或服务。而销售人员讲求礼节的基本原则是：诚恳、热情、友好、谦虚。围绕这几个基本原则去处理事情、对待大客户，你就会收到预期的效果。但你还应当知道一些不适合访问的日子与时间。

（1）不适合访问的日子。

如果大客户是星期日休息，请不要在星期一前往访问，交谈业务，除非他知会你去。此外，任何节假日期的第二天都不适合访问，因为休息日的第二天公司会议比较多，客户会比平日更忙。所以，挑选这样的日子去访问是很不明智的，特别是上午就更忌讳了。如果那一天非去不可的话，则尽量事先用电话预约，而且尽可能地安排在下午。

（2）不适合访问的时间。

应避免在早上刚上班就登门造访，在上班一个小时之后再去比较好；吃午饭或快到吃午饭的时间也绝对不要去，这会让对方觉得你侵犯了他的私人空间。如果因不可抗拒的原因在午饭前三十分钟到达对方公司时，那就应自己想办法在外面吃午饭。不然的话，人家会认为"这家伙想捞一顿午餐吃"。在这种情况下，你应等到下午上班时间再登门拜访。

快要下班时也不要去访问，因为这时客户可能会因有其他约会，而老惦记着时间，即使你去了，效果也不一定好。如果到了下班时间，你还在那里死赖着不走，对方一定会非常反感。虽然有的人事业心很强，但绝大多数人都会讨厌你。

为了进行一次成功的拜访，达到签下大订单的目的，在进入房间之前你应当做好充分的准备。

当乘车去访问客户时，要从正门进去。如果你抽烟的话，不要将烟头顺手扔在地上。

　　走进大门时，需一边从容不迫地将名片递给相关人员，一边说明来意和想找的人。若没有见到相关人员，也不要东张西望地四处寻找，应找附近的人说明情况和来意。不论你是否与大客户约好，都不要操之过急，等待期间的态度往往也是大客户们考量你是否有交易诚意的考题。

　　在进入大客户办公室之前要先整理一下自己的衣着打扮：切记要从上到下认真地检查一下，不要让败笔出现在从头到脚的任何地方。干净整齐的衣着，会让大客户觉得你非常重视这次见面，而良好的第一印象，往往会成为你俘获大客户心的第一步。

　　步入办公室的一瞬间很重要。也许，这一路上会遇上许多员工，他们对你的第一印象将非常深刻。这时既不要紧张，也不要故作镇静地装作若无其事，应像平时一样用精神抖擞的目光微笑迎接每一个人，再用清脆的声音说："大家好！"

　　访问客户时经常会碰到对方不在的时候。在这种情况下，应向相关人员说明有关情况。若对方确实无法传达的话，可以在名片的空白处或留下便条写上你所要传达的信息。

　　在名片上留言对方不会挑剔；相反地，大客户们会觉得你办事认真，并将你这个举动作为下一次见面时的重要参考。

　　你的名片应该放在一个固定的位置，一般来说应放在西服上衣内侧的口袋里，免得到时候慌慌张张地东找西摸。

　　一个销售人员销售商品的过程，也是其自我形象塑造的过程。

　　塑造形象的意识是整个现代销售意识的核心。你良好的形象和信誉，是企业的一笔无形资产和无价之宝。对于一位优秀的销售人员来说，在客户面前最重要的是要珍惜信誉、重视形象的意识。国内外许多销售界的顶级人士都提出，销售工作蕴含的一个重要目的，除了"买我"之外，还要"爱我"！即塑造良好的职业形象。销售人员树立的形象必须是真实的，公众形象要求以优质的产品、优良的服务以及得体的言行举止为基础。

优秀的销售人员应当处处为客户利益着想，与交往各方保持良好的合作关系。长此以往，你一定会得到社会各界的普遍好评与赞美。

2. 得体大方的言谈举止

在完成了礼节的注意之后，就应当注意谈吐举止了。销售人员要落落大方，谈吐得体。虽然没有一个统一的模式供销售人员参考，但有一些问题，必须引起销售人员的注意。

如油腔滑调、沉默不语；说话速度太快、吐字不清、语言粗俗、声音过低、有气无力、说话不冷不热；批评、挖苦、吹牛、撒谎；太随便、与客户勾肩搭背；挖耳挠头、耸肩、吐舌、咬指甲、舔嘴唇、脚不住地抖动；东张西望、慌慌张张等。这些都是在与大客户洽谈大订单时必须要禁忌的。

你的一个小小的言谈举止上的疏忽，都可能会导致对方的极度反感，从而影响到大订单的成交。

与客户的握手应当是有力的握手。记住，没有人想和一条死鱼握手，那代表你缺乏信心。

直觉敏锐的大客户初次与销售人员接触时往往仅看一下对方的眼睛就能判断出"这个人可信"或"要当心这小人会耍花样"，有的经验丰富的客户甚至可以通过对方的眼睛来判断他的工作能力如何。

交谈时目视对方双眼、面带微笑，会体现出自信而谦逊，热情而自然的态度。切不可拖泥带水、支支吾吾。这样会给身经百战的大客户们留下不良印象，给人以不信任感。

下面这些都是遭人反感的不当眼神。

（1）不直视看人。

不敢正视对方的脸，不断地改变视线以离开对方的目光；低着头说话；眼睛不时盯着天花板或墙壁等没有人的地方说话；斜着眼看一眼对方后立刻转移视线；当与对方的视线相交时，立刻慌慌张张地转移视线；等等。

人人都知道，怯懦的人、过于腼腆的人或神经过敏的人是做不成生意的。作为一名优秀的销售人员，哪怕只有那么一点毛病也必须立即改掉。在和客户的频繁交往时，下功夫用眼睛盯着对方来进行训练，使自己能以平常心说话。

（2）贼溜溜的目光。

销售人员如果有一双贼溜溜的眼睛可就麻烦了。有的销售人员，因职业关系在与客户交谈时，有目的地带着一副柔和的眼神，可是一旦紧张或认真起来就原形毕露，瞪着一副贼溜溜的眼神，会使客户不知所措。

能否博得客户们的好感，眼神可以起主要的作用。言行态度不太成熟的销售人员，只要眼神好，有生气，就可以一优遮百丑；反之，即使能说会道，如果目光给人以不信任感，也不能博得客户的青睐，反而会落得"光会耍嘴皮子"的下场。

有时你的销售方式并不成功，有的会面对的是一大堆抱怨与反驳，但作为一位销售人员，不论如何强烈地反驳对方都必须面带笑容。在销售人员的"词典"里，没有嘲笑的眼神、怜悯的眼神、狰狞的眼神或愤怒的眼神等字眼。无论发生什么分歧，请记住服务客户，满足客户永远是第一位的。

到客户那里去访问时，首先从聊天入手，然后再进入正题。身为销售人员，聊天是工作的一个重要组成部分。聊天的过程是销售人员与客户增进了解的好机会，一定要好好把握。

"酒逢知己千杯少，话不投机半句多"。这句话已经告诉了我们，如何去博得客户的欢心，与客户找到共同语言，语言的选择是至关重要、缺之不可的。

在与客户的交谈过程中，你往往会碰到类似的情景：

既想拒绝客户的某一要求，又不想损伤他的自尊心；既想吐露内心的真实想法，又不好意思表达得太直白；既不想说违心之言，又不想直接顶撞客户；既想和陌生的客户聊天，又不能显得自己太轻浮或鲁莽……

这些都说明，为了适应与客户交谈中的各种不同情境，达到自己预期的目的，口语的表达策略非常重要。

啰唆是一个大忌。有的人喜欢把同一件事唠叨地说个没完没了，但听的一方则早已厌烦了。好话说三遍也会令人生厌的。作为一名优秀的销售人员，说话啰唆是会非常影响工作的，应该彻底地改掉这个毛病。

3. 令人愉悦的气质

在人与人交往的时候，第一印象一般是指着装、仪容、体态、身姿等外表印象。但是，在生意交往中每个人都有一种体现了个人的仪容和服饰打扮。不管他是刻意追求，还是漫不经心，不需开口说话，就能在他人心目中产生一种感觉。这种感觉可能是愉快的、尊敬的，也可能是厌恶的、鄙弃的。原因就是：人的外表印象，总是跟人的内在气质和所表现出来的风度紧密相关。正如古人所讲，"英雄自有英雄本色"。这种本色，指的就是气质和风度。

气质是指一个人相当稳定的个性特点。如果说仪表仪容、身资体态等呈现的是形式美的话；那么气质美，就是内容的美，它呈现人的个性美。正如一位伟人所说："人的个性美是我们的感觉所能感到的世界上最高的美。"对于世界上最关乎与他人交往的销售行业，在与客户的交往过程中，一位优秀的、值得信赖的销售人员所体现的气质尤其重要。销售人员身上流露出来的气质，不仅仅为成为客户们对你的直接感受，更重要的会最终决定着大订单的成交与否。

销售人员要培养美的气质，就该提高修养。通常听说的气质高雅，正是心灵教养的闪光。气质还表现为心灵深处的善良、诚实和高尚情操。美是心灵的升华，美是善良的结晶。一个销售人员在成为优秀的销售人员之前，更要成为的是一个善良、诚实、拥有高尚情操的人。

风度美则是一个人良好内在素质的外化。健康匀称的体格、秀丽的容貌、得体的服饰都会给人以美的感受。但人的风度除了这些形式和内容外，还要包括诸如举止、谈吐、学识修养、能力、品德、智费、兴趣、格调等。恰如韩愈所说的"秀外慧中"。

风度美并非一朝一夕即能具备，它是长时间努力的结晶。借着你的经验、知识的累积所创造出来的属于你自身的特质。它会不可思议地体现在你的外貌和行为中，让人感受到那令人难以抗拒的吸引力。开阔的胸襟、幽默的谈吐、高雅的情趣等都能增添风度美。风度美要求优秀的销售人员在人际交往中热情而不轻浮，大方而不造作；有容人的雅量和自信的品质，忍让体贴，乐施善助。在与客户的交往中，他们能够深深地体会到你身上那迷人的风度，不自觉地便会被你所征服，签下大订单也就不成问题了。

瞬间成交技巧十五

无敌创意，大订单主动找你

创意本身是推销思维、方法的翻新的变化。它的关键是需要具有创造力，也就是运用创造性思维为产品加入鲜活的创意元素，而这个创意元素通过与产品相嫁接，可以把原本普通甚至同质化的产品带入一个崭新境界。创意营销的核心切入点就是产品，或者说首先要打造具有创造力的新产品。极具创造力的营销方案可以让产品销售达到事半功倍的效果。

有一位心理学家曾做过这样一个实验：他将很多毛毛虫围绕着花盆放在底部，使毛毛虫首尾相接，围成一圈。并在离花盆不远的地方，放了毛毛虫喜欢吃的松叶。

毛毛虫开始绕着花盆的边缘一个跟着一个，一圈一圈地走，一小时过去了，一天过去了，转眼七天过去了，毛毛虫最终因为饥饿和精疲力竭而相继死去。

其实，如果有一个毛毛虫能够破除尾随的习惯而去其他地方寻找食物，就完全可以避免被饿死。后来，科学家把这种喜欢跟着前面的路线走的习惯称为"跟随者"的习惯，把因跟随而导致失败的现象称为"毛毛虫效应"。

毛毛虫效应告诉我们，盲目地跟随他人不一定有好结果，我们的生活需要创造力。创造力是指产生新思想，发现和创造新事物的能力。

一个新的思想和方法，可能会给你带来新的收益。人们经常说，方法总比问题多，但一个新的方法的诞生总是要经过深度思考。很多时候，我们都懒得去想一些新办法，而喜欢沿用一些旧有的经验。这就很容易形成一种思维惯性，即按固定的思路去想问题，而不愿意换个角度、换种方式去想，拘泥于某种模式。以这样的方式去解决问题，不仅不利于问题的解决，更是对我们思维活动性的阻碍。

思维是人类最为本质的特征，是人一切活动的源头，也是创新的源头。有了创新思维才能开始创新活动，有了创新活动才能产生创新成果。一个人的思维能力总体处于发展、变化的趋势中，但也会存在一种相对稳定的状态，这种状态是由一系列的思维定式所构成，由一系列思维定式的品质所表现。

一成不变的环境、工作、生活，会使我们形成一种固定的思维模式——思维定式或惯性思维。它使人们习惯于从固定的角度来观察、思考事物，以固定的方式来接受事物，是创新思维的天敌。

每个人都有惯性思维，总是喜欢用常用的思考方式来处理事情，时间一长，自然就养成了根深蒂固的惯性思维。

在销售领域，很多销售员在业绩上没有较大的提升，是因为他们总是墨守成规、因循守旧。如果销售人员不能克服这种思考方式，就很难在销售上有进一步的发展。所以说，销售人员只有敢于求新，才能为你赢得更多成功的机会和砝码。只有通过创新，才能提升自己的业绩。

在比利时有很多啤酒商家，大家为了开拓市场，纷纷向周边的地区扩张，但首都布鲁塞尔这一区域，却始终打不开，很多商家都以后失败告终，当时有一个叫"瑞丽"啤酒厂也是如此。

那时，瑞丽啤酒厂的市场份额正在逐步减少，而啤酒厂没有钱，就没有办法做广告。虽然销售员赵广曾多次建议厂长做些广告，但都被厂长拒绝了。后来，赵广决定冒险去做这个事情，于是他向别人贷款把这个啤酒厂的销售工作承包了下来。然而怎样打开市场局面，如何来做广告却成了赵广的一块心病。就在他徘徊于布鲁塞尔市中心的于连广场时，他不经意间看到了广场中心有一个撒尿的男孩用自己的尿浇灭了敌人炸城的导火线而挽救了这个城市的小英雄于连时。赵广突然想到了一个别人从来都没有做也不敢做的方法。

第二天，人们发现于连雕像的尿由水变成了金黄剔透、泡沫泛起的"瑞丽"啤酒。旁边还立着一块写着"瑞丽啤酒免费品尝"的广告牌。如此创新的事情，立刻传遍全市，四面八方的老百姓都聚集于此，他们拿着自己的瓶瓶罐罐来接啤酒喝。各大媒体也争先恐后地报道这一奇观。

就在那一年，瑞丽啤酒厂的啤酒销量一下了增长了近20倍。赵广也因此轰动了整个欧洲，成了闻名布鲁塞尔的销售专家。

可以说，赵广的成功在于他那独特的广告创意。做了一件别人没有做过的事情。

当传统的销售方法不管用时，赵广换了一种销售方法，先免费让大家品尝，使得客户先"占他的便宜"，进而主动购买他的啤酒。这种方法无意间就推动了他的销售。如果他总是用一直使用的方法，被动地等待客人来买饮料的话，他的工作成果肯定得不到任何改观。

不要担心自己生来就不聪明，或是以为自己思维不如人。创造性思维是可以后天习得的，卓别林曾说："和拉提琴或弹钢琴相似，思考也是需要每天练习的。"创造性思维可以让你的生活更有滋味，并能让你产生激动人心的顿悟。在日常生活中，销售人员可以有意识地培养自己的创造性思维。

1. 在日常生活中积极培养自己的质疑能力

销售人员应该保持对未知事物的好奇心，做到博学而不浮躁，专注而不死板，打下良好的基本功才能有所创新。很多人不仅学识浅显，而且对身边的事物都漠不关心，即使在现有的制度和规则下都难以完成任务，又如何能创新呢？

2. 充分展开想象的翅膀

创新是以联想、想象为基础的。爱因斯坦曾说："想象力比知识更重要，因为知识是有限的，而想象力概括着世界的一切，推动着进步，并且是知识的源泉。"因此，销售人员要学会鼓励自己多联想。要知道，没有什么是不可能的。没有做不出来的东西，只有想不出来的东西。只要敢想，梦想就能变成现实。

在17世纪的荷兰，某一天一家眼镜店老板汉斯的孩子拿了几块镜片，有远视的，近视的，也有老花镜片，与邻居的几个孩子一起玩。有一个淘气的孩子想出了一个新的玩法，一只手拿着近视镜片，一只手拿着老花镜片，把它们一前一后地拿在眼前，向远处望去，不由惊叫起来："天哪，礼堂的尖塔怎么变得这么近了？"孩子们的行为给了汉斯启示，汉斯通过联想和实际操作，用老花镜发明了世界上第一架望远镜。

3. 要有坚定的信念

创新是一个艰辛的历程，它不仅需要清楚的目标，执着的精神，更要有承受遭人冷落、失败挫折的心理能力。

当然，创新不一定就是彻头彻尾地改变，对以前的一切全盘否定，它可能是对自己资源的一种全面整合，也可能是对自己未知的潜质的一种挖掘。很多事实证明，那些成功的人，并不一定是学历最高、最守规矩、最勤快的人，而是那些肯动脑筋、突破常规的人。

4. 学会换个角度看事物

销售人员要培养创新能力，就要在平时注重培养自己的发散思维。对于一个问题，找出的答案越多越好。在一个问题的所有答案中，充分表现出思维的创造性成分。比如，在思考一支铅笔的用途的时候，你至少可以回答多种答案，比如写字、绘画、做书签、当尺子画线等，千万不要以为铅笔的用途只有写字一种。

5. 不断地进行尝试

很多新事物的诞生都是在不断的尝试摸索中产生的。在尝试的过程中，必然会遇到很多的挫折困难，但我们一定要欣然面对失败，并且坚持自己的想法，哪怕只是为了验证这些想法并不可行。一遍又一遍，直到最终发现自己的想法原来是行得通的。我们在尝试中总结经验，不断进步，而任何事情，浅尝辄止是不会有所成就的。

6. 做一个生活的有心人

做一个生活的有心人，是指具有一定的洞察力。洞察力是透过现象看本质，就是用心理学的原理和视角来归纳总结人的行为表现。洞察力和一个人天生的能力及其后天积累的知识密切相连。

日常生活中，你可能发现，有的人擅长察言观色，对方一个眼神就知道对方要说什么；有的人则迟钝木讷，别人反复强调某事，他也不明白其中的意思；有的人看到路上的蚂蚁搬家就知道要下雨了，有的人雨点打在身上也感觉不到天气变化；有的人一个地方去过很多次都记不住，有的人到陌生的地方总不会迷路……

一个具有敏锐洞察力的人更容易获得成功，因为他们往往能看到事物的本质，他们能通过过去和现在的情况准确地推测未来。有这样一个笑话。

一天，法国侦探小说作家西姆农和他的朋友帕尼奥尔沿着一条大道散步。西姆农忽然吹起口哨，惊叹道："上帝啊，这位女士一定非常漂亮！""女士？"帕尼奥尔惊异地问道，"我只看到几个小伙子呀。""不，她在我们后面。"西姆农从容答道。"后面？你怎么能看到后面的东西？""当然能！我看不到她，"西姆农微笑着回答说，"但我可以看到迎面走过来的那些男人的眼神。"

这虽然是个笑话，但却表现了西姆农的洞察力。洞察力不仅仅包括对事物细致的观察力，还包括观察后通过缜密分析，得出结论。我们会发现，一般洞察力强的人，都思维敏捷、情感细腻。实际上，洞察力就是看你的细心程度，加上你的思维能力。销售人员要培养敏锐的洞察力，在平时的生活中做一个有心人。

7. 要善于思考，分析问题

很多销售人员在销售的过程中似乎从来不多加思考，不分析，也不想象，只会跟着别人的惯用的模式去做事，凭着自己的感觉去推销。结果，上次做过的事情，这次还是不会做。就像那些路盲一样，一个地方去过很多次，永远也不记得如何走。

我们对一件事物的思考过程，实际上就是我们的认知从现象到本质、从感性到理性、从具象到抽象的过程。思考其实就是一个分析的过程。由于思考，我们才能够认识事物内部、事物与事物之间的联系。在思考的过程中，销售人员要学会对照比较、归纳概括、融会贯通、举一反三。

8. 要多积累，丰富自己的经验

销售人员的洞察力与他的经验是分不开的。工作中，经常会有这样的情况：同样对一件事的观察和研究，不同的人得出的结论却不同。从事销售时间长的人因为经验丰富，遇到的事情多、思路明晰、方法得当，因此工作效率快，而且一步就能做到位；刚入行的新人却因经验不够，所以思路不对、方法也不当，销售中总是犯错误，结果经常失败；甚至有的销售新人盲目决策，造成重大失误。经验越丰富的销售人员，洞察力往往也越强。

销售人员只有多了解实际情况，丰富自己的人生经验，多积累，思考的内容才能更具体、更丰富，洞察力才能更强。因此，销售人员要多看书，多了解一些生活规律，用前人的经验来充实自己。另外，可以培养广泛的兴趣爱好，积极投身于生活实践，有意识地增加社会实践的机会也是一条途径。

可见，改掉墨守成规的坏习惯并不是一定要去改变什么，它只是希望我们去做一个有心人，用双眼去观察，用心灵去领悟，如果你每天都坚持不懈地去探索，日积月累，你会更加灵活，你的销售业绩也会随之提高，总有一天，你会令自己都惊叹不已。所以，创新不是专家们的专利，平凡的你一样可能得到幸运之神的眷顾。在我们周围，很多人尽管没有显赫的学历和卓越的天赋，但凭着细心的观察与探索，都做出了一定的成绩。别人能做到的，相信我们也能够做到。

在某市，有一群孩子经常利用课余时间到火车上卖爆米花。有一个小男孩也

因为闲暇无事加入其中。但这个小男孩除了在火车上叫卖外，还往爆米花里掺入奶油、巧克力等，使爆米花的味道变得更加可口，所以他的爆米花卖得特别好。

这个小男孩的爆米花之所以比其他小孩的卖得好，是因为他懂得如何比别人做得更好，创优使他成功。

一次，大雪封住了路，乘客只能在火车上等待，当别的孩子还在卖爆米花时，这个小男孩却自制了很多三明治到火车上去卖。虽然他的三明治口味不怎么样，但还是被饥饿的乘客抢购一空，那是因为他懂得如何比别人做得更早，抢占先机使他成功。

夏季到了，小男孩又想出了一个挣钱的好办法。他设计出一种肩上能挎的半月形的箱子，然后在边上刻出一些小洞，将蛋卷放进去，在中间的小空间里放上冰激凌。结果，他这种新鲜的蛋卷冰激凌备受乘客的欢迎。他的生意火爆一时，那是因为他懂得如何比别人做得更新，创新使他成功。

后来，火车站上做生意的孩子越来越多，小男孩意识到好景不长，便在赚了一笔钱后退出了竞争。后来，这个小男孩果然成为了一个不凡的人，他就是摩托罗拉公司的创始人——保罗·高尔文。

一个比别人做得更好、更早、更新、头脑更清醒的人，一个懂得如何创优创新、抢占先机、及时抽身的人，怎么能不成功呢？既然创意对销售人员的成功这么重要，那我们在平时怎样对自己的产品进行创新呢？

1. 销售人员要善于发现产品的新功能

发现产品的新功能本身就是一种创造性的活动，它对于销售的成功非常重要。你应该运用自己的创造力去发现你所推销的产品的新功能。创意销售始于对产品的深刻了解。你对自己所卖的产品了解得越清楚，你就会发现它更多的新功能，你也就会产生更多的创造性的销售方法。

2. 销售人员要善于发现自己的竞争优势

你的产品或服务与竞争对手有何差异，这很重要。你在什么方面具有领先于竞争对手的优势？你怎么个好法？为什么好？正如通用电气的杰克·韦尔奇所说："如果你没有竞争优势，就别竞争！"

你的竞争优势永远是让客户选择你的而非你的竞争对手产品的最重要原因。完全理解自己竞争优势的本质是形成既有效又有创造性的销售推介的关键。

3. 给客户留下好印象

销售人员要想进行有创意的销售，就要保证自己的产品能够给客户带来的利益优于竞争对手。这是你的广告、客户开发和销售等活动的关键要素。在销售过程中，如果你的客户真心需要只有你的产品才具有的那些特别功能时，交易成功就会变得很简单。

4. 开发潜在的市场

哪个地方你的产品还没有到达，你的产品还适应于哪些人使用，这些地方和这些人可能是根本不在市场上出现的。对你的产品或服务来说，这些都是你最大的潜在市场。如果你能识别出他们，并加以开发，你就能在这片没有销售也没有竞争或价格排斥的地方，创造出你的销售奇迹。

5. 做好售后调查

让客户满意是销售人员重复销售和推荐客户的最好资源。如果销售人员肯花时间询问一下他们为什么买你的而不是买别人的，他们一定会告诉你他们的理由。如果你知道了客户购买你产品的真实原因，你就可以在发展新客户时，提高针对性。打一个电话或当面拜访你的客户，询问他们对产品的感觉，包括满意的方面和不满意的方面，有哪些改进意见等。将客户的意见记在心里，他们的意见会为你以后的销售和产品改进提供很大的帮助。做好售后调查也是体现你销售创造力的一个重要方面。

销售中，销售人员可以通过一次次的成功销售来锻炼自己的创造性思维，通过有效的练习和训练提升自己的创造力水平。在销售领域，你的创造力越强，你的销售业绩也就越好，当然你挣的钱也就越多。

瞬间成交技巧十六

投其所好，让你的销售变得更加简单

投其所好，就是迎合别人的意思，本有贬义，却被一些精明的推销员用在推销商品上。所以说，投其所好在这里就变成一种推销的方法与策略。只有懂得投其所好，才能生意盈门。对客户投其所好不但能更好地获得对方的理解，还能更清楚地了解对方的思想轨迹，切中客户的"要害点"，并巧妙地刺激客户的隐衷，让他把内心的想法完全表达出来。只有这样，销售人员才能更好地与客户进行投其所好的交谈，进而促使交易的成功。

打动人心的最佳方式，是跟对方谈论其最感兴趣的、最珍爱的事物，即投其所好。投其所好，是一门艺术、一种智慧，也是一种沟通的秘诀。它寻求的是不同职位、不同行业、不同经历的买卖双方的利益共同点。投其所好，是调动你的知识、才能以及各种优势，向客户发起的心理攻势，直至达到"俘获"对方的目的。

所以，销售人员在进行销售时，需要知道每个人都有某方面的兴趣。如果你这样做了，成功就离你不远了。"说别人喜欢听的话，做别人感兴趣的事，双方都会有收获"，也正是推销冠军们的成功法则之一。

在推销的过程中，礼貌拜访是每一位销售人员都应该做到的。但客户的年龄、脾气和性格各不相同，如果我们只提供千篇一律的服务，就起不到良好的效果。因此，在拜访中，我们要有不同的方式和客户拉近距离，因人制宜地投其所好，并为其提供周到的服务，这样才能事半功倍，获得最大的成功。

做销售就是投其所好，作为销售人员你不能老是站在自己的立场上考虑问题，钓鱼的时候，鱼钩下一般都垂一个鱼饵，那鱼饵一般是一条蚯蚓，因为鱼最爱吃蚯蚓，所以我们在接近客户时，要拿出对方最喜爱的东西来，也就是投其所好，你可以对客户本人投其所好，也可以投其周围人的所好。

乔·吉拉德是美国著名的汽车推销员，他的汽车零售纪录已经被载入吉尼斯世界纪录，至今仍没有人打破。探究其成功的原因，那就是对顾客投其所好。

一对夫妇是乔·吉拉德的客户，他们结婚快二十年了，但一直没有孩子，为了排解寂寞，太太就养了几只小狗，而且对小狗像对待自己的孩子一样疼爱。

一天傍晚，先生下班回到家，太太便开始唠叨起来，说来了一个推销员，看到小狗在她面前绕来绕去，他却理都不理，这使得太太既伤心又生气，自然也就没有兴趣去听那个推销员的介绍。

又一天傍晚，先生下班回到家，太太兴奋地对他说："你不是说要买一辆车吗？我已经和雪佛兰汽车公司的推销员乔·吉拉德约好了，星期天来洽谈。"

先生一听，非常不高兴地说："我是说过要买一辆车，但没说要买雪佛兰的呀！你为什么要自做主张呢？"太太只好将事情的经过告诉了自己的先生。

原来，乔·吉拉德也是一个喜欢狗的人，当他上门拜访看到太太养的狗时，便大加赞赏，说这种狗毛色漂亮，有光泽，是最高贵的优良品种。听了乔·吉拉德的话，这位太太芳心大悦，就像遇到了知音，便对他产生了好感，并很快就答应让他星期天来进行进一步的详谈。

先生确实想换一辆新车，但他一直拿不定主意该换一辆什么车，现在既然推销员乔·吉拉德上门来推销新车，了解一下也没有关系。

星期天到了，乔·吉拉德按照约定来到太太家。通过一番交谈后，这位先生很快就被乔·吉拉德说服了，因为乔·吉拉德仿佛能看得出先生心里的真实想法，句句话都投中先生所好，令先生马上决定购买了他的车。

在乔·吉拉德的推销生涯中，类似于这样的经历，数不胜数。他心里非常清楚，只要你懂得说客户最爱听的话，只要你卖客户最爱的车，你就能轻而易举地拿到汽车订单。乔·吉拉德曾经说过，像这样"爱犬"的夫妇非常多，只要你能够投其所好，表现出对他们宠物的喜爱，他们就会像对待好朋友一样对待你。

懂得投其所好，就能成为销售冠军。这是乔·吉拉德的一大成功心得。事实上，销售人员与客户谈论嗜好、小孩、书画、运动等，都是在投其所好，都可以迅速缩短你与客户双方的心理距离，从而对成功销售、拿下订单起到极大的推动作用。

创办《黑人文摘》的约翰逊，就一直秉持着这样的业务观念。他在向客户推销自己的杂志时，就非常强调双方共同的价值观、希望和抱负。在拜访客户时，即使只和客户谈五分钟，他也要花费很长的时间对客户进行详细的调查，了解这个人的兴趣、爱好、志趣等。

有一次，约翰逊计划让森尼斯无线电公司成为自己的广告客户。于是，他给该公司的总裁麦克唐纳写了一封信，希望和他面谈。麦克唐纳很快就回信说："信已收到。不过我不能和你见面，因为广告不是由我负责。"约翰逊的请求被拒绝了。

约翰逊自然不会放弃，他想："他是公司的总裁，公司的一切业务他应该都有权决策，怎么能说不是他负责呢？"

约翰逊经过一番调查，了解到麦克唐纳主管着该公司大的政策，其中包括广告政策。于是，约翰逊又给麦克唐纳写了一封信，问是否能去拜访他，跟他聊聊他的公司在黑人社会中进行广告宣传的政策。

麦克唐纳的回信还是很快："你是一个坚持不懈的年轻人，我决定和你见一见。但我事先声明，如果你一谈到在你的杂志上登广告的事情，我就立即结束谈话。"

不能谈广告，那么谈点什么呢？于是约翰逊更深入和全面地了解了一下麦克唐纳。他翻阅了所有有关麦克唐纳的资料，发现麦克唐纳是一个探险爱好者，还曾到过北极极点，时间是在著名的黑人探险家汉森到达北极点之后不久。

了解到了这一点，约翰逊感到胸有成竹了。约翰逊先让自己的手下找到汉森，请他在其出版的一本探险书上签名，以便送给麦克唐纳。接着，约翰逊抽下了他旗下一本将要出版的杂志中的一篇文章，换上了一篇介绍汉森的文章。

约定的时间到了。约翰逊走进了麦克唐纳的办公室，没想到彼此打完招呼后，麦克唐纳的第一句话竟然就是："你看见那一双雪地靴没有？那是汉森送给我的！他有一本很棒的书，不知你看过没有？"

约翰逊说："看过。我这里还有一本。汉森还专门为您签了名。"说着，约翰逊把书递给麦克唐纳。

麦克唐纳感到非常高兴，一边翻着书一边说："像汉森这么优秀的探险家，你们杂志应该介绍一下。"

"您的意见非常正确。"约翰逊说着，就把登载着汉森介绍文章的新杂志递给了麦克唐纳。

麦克唐纳看见了介绍汉森的那篇文章后，心情显得更加愉快。他还对约翰逊的杂志的风格表示了赞许。约翰逊告诉他，自己创办这份杂志的目的，就是要介绍像汉森这样克服一切障碍与困难、努力赢得成功的人。听到这些，麦克唐纳抬起头来，慢慢说道："你知道吗，我现在看不出有任何理由不让我们公司在你的这份杂志上刊登广告。"

为什么约翰逊能够拿下麦克唐纳这个大客户的广告订单呢？因为他对麦克唐纳投其所好！无数成功的推销实践证明：拥护客户的价值观，用巧妙的办法证明你和他有一样的价值观，是获得订单的一大诀窍。

在销售过程中，你肯定有过这样的体验，在与一个初次见面的人谈话时，如果在闲谈中能够发现与客户有相同的出生地或者曾经在一个同一所学校读书，此前客户的戒备心理就会在很短时间内消失，感情会随之很快融洽起来。如果客户喜欢某一方面而你不喜欢，并一直持反对意见，那你与客户就很难进行交流。很多时候，即使客户对你抱有警戒心，一旦能够发现与双方的共同点，客户也就对你不存在什么戒心了。

小王是一家电脑公司的销售员，他去一家公司销售电脑时，偶然看到总经理的书架上摆放着几本关于金融投资方面的书。刚好小王对于金融投资比较感兴趣，所以就和总经理聊起了关于投资的话题。最后，两个人聊得热火朝天，竟然忘记了时间。

快下班时，总经理才突然想起来，问小王："你销售的那个产品怎么样？"小王立即抓住机会给他做了介绍，总经理听完之后就说："咱们现在就签合同吧！"

小王与客户从相识、交谈到最终的熟悉，就在于投其所好。

由此可见，找到客户的兴趣点并投其所好，可以让销售人员在销售过程中变得更轻松，客户也会很高兴，可以说是皆大欢喜。因此，投其所好对于沟通的双方是非常重要的。

对于销售人员来说，对客户投其所好不但能更好地获得对方的理解，还能更清楚地了解对方的思想轨迹，切中客户的"要害点"，并巧妙地刺激客户的隐衷，让他把内心的想法完全表达出来。只有这样，销售人员才能更好地与客户进行投其所好的交谈。

由此可见，在销售中，投其所好是一种攻心术。所以你要让别人对你的态度发生改变，让客户对你以及你的商品和服务产生兴趣，必须最大限度地去引导和激发客户的积极情感。"投其所好"，就是一种引导和激发客户购买的过程。

那么，销售人员怎样对客户实现投其所好呢?

1. 发现对方的"闪光点"

发现对方的"闪光点"，就是要善于发现对方美好的一面，从理解的角度真诚地去赞美别人。

有一位老妇人向哈维推销保险。她以一个善良的微笑和温暖的握手解除了哈维的"武装"，使他成为一个"心甘情愿的受害者"。这位推销员带来了一份全年的哈维主编的杂志《拿破仑·希尔的黄金定律》，滔滔不绝地向他谈她读杂志的感受，赞誉他"所从事的，是今天世界上任何人都比不上的最美好的工作"。她的话将哈维"迷惑"了45分钟，直到交谈的最后3分钟，她才巧妙地介绍自己所推销的保险的长处。最后，老妇人赢得了哈维的投保订单。

还有一个以发现对方闪光点赢得订单的案例:

建筑材料销售人员小范，听说一位建筑商需要一大批建筑材料，便前去谈生意。但是，很快被告知有人已捷足先登了。小范不死心，随后便三番五次请求与建筑商见面。那位建筑商经不住小范的纠缠，终于答应与他见一次面，但是时间只有10分钟。

小范在会见前就决定使用"投其所好"的谋略，尽管在那时尚不知建筑商有哪些兴趣和爱好。当小范一走进办公室，立即被挂在墙上的一幅巨大的油画所吸引。他想，建筑商一定喜欢绘画艺术，于是便试探着与建筑商谈起了当地的一次画展。果然，建筑商兴趣勃勃地与小范谈论起来，竟谈了一个小时。临别的时候，建筑商允诺小范承办的这个工程的一半和下一个工程的所有建筑材料都由小范供应，并亲自将小范送出门外。

2. 寻找对方的"兴趣点"

你是否遇到过这样的情况：在与别人交谈时，对方并没有在听你说，而是在做别的事情；或者是嘴里应付着，眼睛却注意着别处。遇到这样的情况，你就应该尽快放弃你的话题，寻找对方的"兴趣点"。

每个人都有某方面的兴趣。兴趣可分为两种：一种是对有关系的事物的兴趣，另一种是对无关系的事物的兴趣。所谓有关系的事物，是指你和别人共同发生兴趣的事物。利用这种兴趣，常常可以在彼此之间建立起良好的关系。

可是，有许多人对他们业务以外的某种事情更有兴趣。通常一个人所做的工作，不是出于自愿，而是为了谋生。但在业余时间他所关心的事情，则是他自己所选择的。换句话说，他最感兴趣的事情是工作之外的事情。

一般人都希望与跟自己相处的人有许多共同的兴趣。如果可能的话，你应尽量找出他们最感兴趣的事，然后再从这方面去接近他。

越是值得接近的人，你就越应该努力对他所感兴趣的事情做进一步的了解，使你能够和他聊得来，从而使他乐意购买你的产品。

李大娘去市场买水果，看到有好几个摊位都在卖苹果。她走到第一个摊主，用手拿起一个苹果看了看问："你的苹果怎么样啊？"摊主回答说："您看看，我的苹果又大又甜，特别好吃。"

李大娘摇了摇头，又走到了第二个摊位面前，同样用手拿起一个苹果看了看问道："你的苹果怎么样啊？"第二个摊主答道："您想要哪一种，有甜的，还有一些发酸的。""酸一点儿的。"李大娘说。"我这些苹果咬一口就能酸得流口水，请问您要多少？"李大娘说："先来一斤吧，不知道我家媳妇喜欢不喜欢吃。"

李大娘又来到第三家摊位前，因为这个摊位的苹果又大又圆，显得很抢眼，于是她想打听一下，看看自己买的苹果合适不合适。"你的苹果怎么样？"这个摊主说："您放心，我的苹果在市场中是数一数二的。请问您想要什么样的苹果？"

李大娘说："我想要酸一点儿的。"摊主说："大多数人都喜欢买甜的，您为什么想要买酸的呢？"李大娘说："我儿媳妇怀孕，说是喜欢吃酸苹果。""老太太，您对儿媳妇可真是体贴，将来一定能给您生个大胖孙子。前几天就有一个准妈妈来我这儿买苹果，您猜怎么着？生了个儿子。您看您要多少？要不要先尝一块？"李大娘尝了一小块苹果之后，感觉确实够酸，于是毫不犹豫地说："来五斤！"

摊主一边称苹果，一边对王李大娘说："您知道吗？其实橘子也很适合孕妇的，口味酸不说，还有多种维生素，特别有营养。您要是再给您儿媳妇买点橘子，她肯定喜欢吃。""是吗？好，那就再给我称二斤橘子。"摊主称完苹果又开始称橘子，还一边称一边说："我每天都在这摆摊，水果保证新鲜，要是您觉得好，下次再过来。"

李大娘满脸红光地提着沉甸甸的苹果和橘子走了。

三个摊主都在卖水果，结果却大不同。第一个摊主最直接，效果也最差，他根本不了解李大娘的需要。第二个摊主询问了客户的需要，卖出了一斤苹果，但他没有挖掘到需求背后的真正"需求"。第三个摊主通过与李大娘进行投其所好的交流，采取先体验后消费的方式，不但卖出了苹果，还卖出了橘子。

3. 用话试探客户，侦察彼此之间的共同点

当销售人员第一次与客户见面时，为了打破沉默的局面，开口讲话是首要的，不说话是什么也做不成的。

当然也有一部分销售人员会通过听客户的说话口音、言辞，了解客户的情况；有的以动作开场，一边帮客户做某些急需帮助的事，一边以话试探；有的甚至借火吸烟，也可以发现客户的特点，从而找到开口交谈的话题。

利用大客户的猎奇心理

好奇心是人类的天性，我们每个人都存有好奇心。好奇心是人类行为动机中最有力的一种，在实际营销工作者工作中，巧妙地利用消费者的好奇心，用新颖独到的服务满足消费者的喜好，引起客户的注意和兴趣，那么也会给你的商品经营者带来滚滚财源。

好奇心是人们普遍存在的一种行为动机，许多客户的购买意愿有时也多受好奇心理的驱使。因此，销售员利用好奇心来接近客户、招徕买家是一种行之有效的销售方法。

有一家专营胶黏剂的店面，新上了一种强力万能胶水，店主为了让更多的人知道此胶，就用胶水将一枚面额千元的金币粘在店面的墙壁上，并宣称："如果谁能将金币掰下来，那金币就归谁所有。"一时，该店门庭若市，想试试的人数不胜数。但很多人费了很大的力气都没有将那金币掰下来。有一位自诩力拔千钧的气功师也专程赶来，结果也没有成功。于是，强力万能胶水的名声家喻户晓。

还有一个利用好奇心接近客户的故事：

有一家儿童商店，经营的商品全是7岁的儿童日常生活中吃、穿、看、玩的用品。商店规定：非7岁儿童不能进店，大人进店必须有7岁儿童做伴，否则谢绝入内。一些带着7岁儿童的家长觉得很有趣，想进去一看究竟，而一些身带其他年龄孩子的家长也谎称自己的孩子只有7岁，挤进店来选购商品。商店老板的这种方式起到了以"奇"促销的作用。

上面的两个故事告诉我们：对于越是被禁止的事情，人们就越会有一种非要一探究竟的心态，这就是人们的好奇心。在销售过程中，销售人员利用客户的好奇心理，采取以奇标新的独特方式，引发出客户的好奇感，是赢得客户消费的一种营销方式。

当人对某一事物产生好奇时，便有了去一探究竟的心愿。销售人员要想使自己的产品能够引起客户的兴趣，就要想办法使客户对自己的产品产生好奇。好奇心是心灵的饥饿，没有人可以抵挡住好奇心的诱惑。当你试图与客户建立联系却遇到难以克服的障碍时，就需要利用人们与生俱来的好奇心作为攻坚利器，借助客户的好奇心与客户建立起联系，并进行进一步的商谈沟通。

吉尔在一家连锁超市上班，由于进去的时间不长，经理对他的能力不是很了解，所以为了考验他是否能胜任销售人员的职位，经理没有立即对他委以重任，而是让他先从卖水果做起。

经理把吉尔分派到城中最繁华街道的超市分店工作。在这家分店的外面分布着许多水果摊，每个人都设法拉客户买自己的水果，因此竞争非常激烈。吉尔知道，证明自己能力的时刻到了，一定要努力工作，好好表现。

虽然竞争非常激烈，但吉尔还是用自己热情周到的服务和丰富的销售经验打败了其他对手，生意越做越红火。可就在此时，一件不幸的事发生了，连锁店储藏水果的冷冻厂起火了。虽然消防人员及时地将火扑灭了，但还是有12箱香蕉却被火烤得发了黄，表面还留下了许多小黑点。

后来，经理将这些被火烤黄的香蕉送到吉尔的摊位上，让他以每磅3美分的价格处理，比市场价格低1美分。经理还交代，香蕉只要能够卖出去，价格再低一点也无所谓。不少顾客走到摊前，看到这些发黄的香蕉，大家都摇着头走了。第一天，吉尔没有将香蕉卖出去。

下班后，吉尔回到店里把香蕉又检查了一遍，并拿起一根吃了起来。这时他发现，香蕉不仅一点儿没有变质；相反，由于烟熏的缘故，吃起来还别有一番味道。这时，吉尔的灵感来了，他想到了一个卖出香蕉的好办法，那就是引起顾客的好奇心。

第二天早上开业，吉尔就喊道了："先生，女士，大家早上好！我刚从阿根廷批来一些烟熏香蕉，风味独特，只此一家，大家快来看看！"经吉尔这么一喊，他的摊前很快就围了一大群人。众人盯着这些黄中带黑的"烟熏阿根廷香蕉"，有些犹豫不决，不知道到底该不该买。

看到自己的摊位前围了这么多人，吉尔非常高兴，因为他已经成功地引起了顾客的好奇心。紧接着，吉尔对大家说："烟熏阿根廷香蕉，最新进口的，是我们公司好不容易才批到的。这种香蕉由于生在在阿根廷靠海的地区，阳光充足，所以水分特别多，风味独特！而且价格便宜，每磅才卖5美分。我们只赚了一点点钱，为的是让大家尝个新鲜，快来买吧。"

听了吉尔的话，大家还是将信将疑。这时，吉尔在人群中发现了一位年轻的小姐，她一直站在他的摊位前，兴致勃勃地盯着"烟熏阿根廷香蕉"，跃跃欲试，很心动的样子。于是吉尔就决定先从她的身上打开突破口。

吉走到这位小姐面前，很有礼貌地问道："小姐，请问您以前尝过这种'烟熏阿根廷香蕉'吗？"

"哦，没有，我从来都没有尝过。不过这些香蕉看上去倒蛮有意思的，只是有点黑。"小姐说。

"这正是它们的独特之处，否则的话，它们就不叫烟熏阿根廷香蕉了。那先请您尝尝，我保证您从来没有尝过这种风味如此独特的香蕉。"于是他马上剥了一只香蕉递到小姐的手里，小姐接过去吃了一口。

"嗯，不错，味道真是非常独特，给我来10磅。"小姐由衷地称赞道。

吉尔一边收钱，一边向大家大声喊道："大家听到了吗？这位小姐说味道非常好，她已经买了10磅。这样美味的烟熏阿根廷香蕉只卖5美分每磅，你们难道不想尝尝吗？我们这次没有进多少货，只有这几箱，卖光了可就没有了。如果大家现在不买，以后就没有机会了。"

大家看到那位小姐已经带头买了，而且说味道独特，再加上吉尔的鼓动，大家不再犹豫，纷纷掏出钱来，想尝尝这"烟熏阿根廷香蕉"到底是什么味道。于是你来6磅，他来8磅，很快，被大火烤过的12箱香蕉竟然以高于市价的价钱销售一空。

为此，吉尔受到了经理的赏识，被正式升职为销售人员。

由此可见，销售中设置悬念引起对方好奇心，是一种行之有效的销售方法。在你满足了他人好奇心的同时，对方也就会自觉地接受了你的意见。

可以说，没有人能抵挡住好奇心的诱惑。所以，销售人员要想将自己的产品销售出去，就要设法引起客户的好奇心。因为好奇心是一个人产生某种行为的基本动机之一，人们往往格外关注未知的东西。销售人员可以利用客户的这种心理来引起客户的注意，从而达到销售的目的。

毛姆是英国有名的小说家，但在他刚发表作品时，却一直过着贫困的生活。他在穷得走投无路时，用了一个奇怪的点子，居然很快就扭转了局势。

毛姆在成名之前，小说一直无人问津。即使书商用尽了全力来推销，情况也不见好转。他的生活变得越来越困难，情急之下，毛姆突发奇想，他用仅剩下的一点钱，在大报上登了一个醒目的征婚启事。启事上这样写道：

本人是一个年轻有为的百万富翁，喜好音乐和运动。现征求和毛姆小说中女主角完全一样的女性共结连理。

征婚启事一登，书店里毛姆的小说很快被一扫而空，印刷厂必须加班加点才能应付销售热潮。

原来，看到这个征婚启事的未婚女性，不论是不是真心愿意和富翁结婚，都好奇地想了解毛姆小说中的女主角是什么样的。而许多年轻男子也想了解一下，到底是什么样的女子让一个百万富翁如此着迷。

从此，毛姆被大家广为人知，他的小说的销售量也得到了大大提升。

虽然说影响客户消费的因素无非是价格、品牌、服务和款式等那几种，可人们的想象总是与实际行动不符。人们在购物时，常常因为受外界因素的影响，尤其是好奇心的影响。这就是为什么有的人原来计划购买一种东西，最后却拿着另一种东西走出商场的原因。有些人喜欢买促销的产品，也并不是因为价格适中或是看中了商品，而仅仅是因为有很多人购买，客户也想试试大家都在购买的产品到底怎么样。由此可见，客户想要的商品和他最后购买的商品可能完全不同，如果销售人员能成功地让客户关注你的产品，那你成功交易的概率也就能得到大大提高。可以说，客户的好奇心理正是实现交易的最佳机会。

无独有偶，英国的十大推销高手之一约翰·凡顿也在自己的名片上大做文章，目的就是为了引起顾客的好奇心。在他的名片上，每一张都印着一个大大的25%，下面写的是"约翰·凡顿，英国公司"。当他把名片递给客户时，几乎所有人都会做出这样的反应："25%，这是什么意思？"约翰·凡顿就告诉他们："如果使用我们的机器设备，您的成本将会降低25%。"这一下子就引起了客户的兴趣。约翰·凡顿还在名片的背面写了这么一句话："如果您有兴趣，请拨打电话。"他将这些名片装在信封里，寄给全国各地的客户。结果，人们的好奇心都被激发了出来，纷纷打电话过来咨询。

值得注意的是，也许客户开始被销售人员所提出的问题吸引只是出于好奇心，想知道答案，但是当谜底揭晓后客户还在的话，就等于是抓住了客户的好奇心。之后，销售人员就要想办法让客户对你的产品动心，要在语言上把产品的特点、性能和优势都描述出来，让客户体会到使用产品的效果。

刘松是一家领带公司的销售员，他曾多次对某百货公司的经理进行推销，但每次都被决绝接见。面对百货公司经理的拒绝，刘松不但没有灰心，而且还想到了一个让经理接见他的好办法。那就是引起百货公司经理的好奇心。

一天，刘松又来到了这家百货公司，这次他首先递给经理一张便条，上面写道："您能否给我10分钟的时间，就您公司的一个经营问题提一点建议？"

这张便条引起了百货公司经理的好奇心，于是刘松被请了进来。见到经理后，刘松拿出一种新式领带给经理看，对他说："这种领带使用了一种特殊的香料，这种香料价格昂贵，而且制作工艺比原来的复杂十倍。因此，它戴起来让人浑身有一种淡淡的香味，令人心情畅快，很受年轻人的喜爱。正是鉴于这个原因，我想请您报一个公平合理的价格。"

经理将这款新式领带拿在手心，仔细地端详着，感觉它确实不是一件一般的产品。刘松看到他确实有点爱不释手，突然对他说："对不起，时间到了，我说到做到，不能耽误您的时间，我走了。"

说完，他拎起皮包就要往外走。

经理急了，要求再看看那些领带。最后，他按照刘松所报的价格订购了一大批货。

利用客户的好奇心进行销售无疑是销售的好方法，但需要注意的是，这种利用有时候会被客户认为是在耍花招，所以销售人员提出的问题不应该太脱离实际，而且答案也要和客户的自身利益相关，因为你的答案如果只让客户觉得你一个人受益而他丝毫无利可图时，就会觉得受到了你的欺骗。没有客户喜欢被玩弄的感觉，所以，利用好奇心销售要把握火候，不宜太过火。

在实际推销工作中，推销员可以首先唤起顾客的好奇心，引起顾客的注意和兴趣，然后从中道出推销商品的利益，迅速转入面谈阶段。唤起顾客好奇心的具体办法灵活多样，但一定要尽量做到得心应手，运用自如。下面是几种引起顾客好奇心的方法，希望在你以后的推销中能给予你帮助。

1. 运用刺激性问题唤起顾客的好奇心

刺激性问题可以引起客户的好奇心。客户会好奇你为什么要这么问，你做了些什么，这就是人类的天性。

有一位经理总是拒绝接见销售人员，于是，聪明的销售人员让秘书给经理递进去一张纸条，上面写道：希望你能给我15分钟的时间，我有一些生意上的问题想向您请教一下。这张字条引发了经理的好奇心，他不知道销售人员究竟想向他请教什么问题。于是销售人员顺利地进入了经理的办公室。

可见，好奇接近法有助于推销员顺利通过顾客周围的秘书、接待人员及其他有关职员的阻拦，敲开顾客的大门。除了销售刚开始的时候设法引起客户的兴趣之外，在销售程序发展的其他阶段，还有很多机会可以利用刺激性的问题引导潜在的客户做出令人满意的决定。

2. 运用只提供部分信息的方法来引起顾客的好奇心

销售中，总能看到一些销售员花费大量的时间来满足客户的好奇心，却很少想过要努力激起客户的好奇心。

其实，销售人员过于满足客户的好奇心会大大降低他们进一步参与的欲望。想一想：如果你所拜访的客户已经掌握了他们想要了解的所有信息，他们还有什么理由非得见你不可呢？

普通销售员总是设法满足客户的好奇心，销售高手则努力激发客户的好奇心。这就是普通销售员和销售高手的区别。

如果你希望顾客主动想要了解更多信息，那么你就不要一开始将所有的信息都告诉他们，一定要有所保留，这就意味着你可以在以后给他们提供更多的信息，从而激起客户的好奇心。

销售员："您好，王经理，我们的工程师前几天对您的系统进行了一次测试，发现您的系统中存在着严重的问题。"

王经理："什么问题？"

如果你是客户，有人告诉你你的系统存在严重的问题，你能不感到好奇吗？当然会！你一定想知道更多的相关信息。一旦客户的注意力集中到你的身上，你就可以继续通过询问有关问题来逐步引导销售的进一步展开。

销售员："通过研究系统结构，我们发现其中的一个服务器可能会损坏数据。不过好在还有解决的办法。你能不能把有关人员集中起来，以便我们公开展示一下问题出在什么地方，同时解释一下可供选择的解决方案？"

只提供部分信息在销售的后续阶段也是非常有效的策略，因为好奇心会推动客户参加销售陈述，并使有关决策人坐到谈判桌前和你讨论购买的细节问题。如果你希望很快成交，可以试试这么说：

销售员："几周前我们为您即将执行的计划提交了一份议案，如果我们的管理层愿意给您提供特殊的待遇，我们能否坐下来讨论一下详细的购买事宜？"

客户可能会回答"不行，我还没有准备好"，但是他也可能说"好"。坦率地说，大多数客户可能会说"好"，因为他们对你所说的"特殊待遇"感到好奇。请记住，你不是在请求获得他的承诺，而只是在询问能否坐下来讨论一下对双方都有利的事情。

有些销售员不赞同这种只提供部分信息的观点。他们认为这么做会破坏销售的完整性，并影响到他们自身的专业形象。如果你也有同样的顾虑，我就想问你一个问题，一般第一次与一个普通客户交往要用多长时间？5分钟、10分钟还是15分钟？客户都是大忙人，销售员不可能只通过一次会面或电话在如此有限的时间内就把自己的产品或服务的有关情况（特点、价值、费用比较、详细结构、升级系统、支持系统和质量保障体系等）明明白白、毫无遗漏地告诉客户，所以，不管他们愿不愿意，你都只能传达部分信息。那么，你是选择提供全部信息满足客户的好奇心，还是只提供部分信息进一步激发他们的好奇心呢？

3. 运用只显露价值的冰山一角的方法来引起顾客的好奇心

激发客户好奇心的另一个方式就是显露价值的冰山一角。这也是一个很有效的策略。因为在客户面前晃来晃去的价值就像是诱饵一样使他们想要获得更多的信息。

一位皮鞋厂的销售员曾几次拜访一家皮鞋店，并提出要约见鞋店经理，但都被拒绝了。这次他又来到这家鞋店，口袋里揣着一份报纸，报纸上刊登了一则关于变更鞋业税收管理办法的消息，他认为店家可以利用这一决定节省许多费用。于是，他大声对鞋店的一位售货员说："请转告您的经理，就说我有方法让他发财，不但可以大大减少订货费用，而且还可以本利双收赚大钱。"一会儿，销售员就被经理请到了办公室。

销售员向客户提供赚钱发财的建议，客户怎么能不动心呢?

在双方交谈中，如果客户主动开口询问，你就达到了主要的目的：成功引起了客户的好奇心，使客户主动邀请你进一步讨论他们的需求和你所能提供的解决方案。这种技巧实际上就是利用刺激性的问题提供部分信息让客户看到价值的冰山一角。

瞬间成交技巧十八

利益诱惑大订单

让客户占便宜说到底是一种手段，其本质是用小利益换来大客户。其实，销售的本质就是让客户有一种占便宜的感觉，没有什么能比优惠、便宜、免费更能引起客户的注意，激起客户的兴趣。推销人群中流传着这样一句话：客户要的不是便宜，而是要感到占了便宜。客户有了这种占便宜的感觉，就很容易与你成交。

销售人员要想让客户心甘情愿地掏钱包购买自己的产品，就必须先打动客户的心。因为没有人会无缘无故地将自己的钱掏出来交给你。只有让客户觉得在你这里购买的产品值得、划算，你才能把东西卖出去。如果你能让客户觉得你的东西物超所值，那么客户就会主动掏腰包跟你成交。

如果你能让客户感觉占了便宜，客户就会不请自来，让你的产品供不应求。

关于这一结论，有人曾做过这样的实验：

实验人员在一家国有企业的食堂中为员工提供了两种不同包装的饮料，一种是易拉罐包装的可口可乐，每听售价3元，另外一种是用小纸杯盛放的不知名的散装汽水，每杯售价1元，然后实验人员开始记录员工的选择情况，结果显示，有79%的员工在午餐时购买了品质更好的罐装可口可乐。只有21%的员工选择了那种虽然便宜但品质差的散装汽水。

接着，实验人员将罐装可口可乐的价格降到了每听2元，而杯装汽水为免费提供，对于经济效用而言，两者是完全相当的，员工们无论选择哪一种饮料，所节省的都是1元钱。但这次统计的结果却和上一次发生了根本性的变化，超过90%的人选择了喝免费的杯装汽水，而仅仅因为免费的缘故，让大部分人放弃了原来对品质的重视，而改为接受不知名的散装汽水。

再接着，罐装可乐的价格被调整为1.5元，纸杯装汽水仍然免费提供，这一次情形没有发生大的改变，大部分人仍然热衷于免费饮料，即便买罐装可乐所能得到的经济效用更高。

由此可见，追求物美价廉是消费者内心真实的心理，贪图便宜是消费者的本性。销售人群中流传着这样一句话：客户要的不是便宜，而是要感到占了便宜；客户不是要便宜的商品，而是要让他占了便宜的商品。占便宜是一种心理上的感觉，销售员要学会满足客户的这种心理需求，让客户有了占便宜的感觉，客户就容易购买你的产品。

有一家儿童玩具商店，最近新引进了两种不同型号、质量基本相同、价钱一样的遥控飞机，可摆在柜台上很少有人问津。

于是，经理就在标价上出了个主意，她把型号小的遥控飞机的价格从100元提高到了120元，而型号较大的遥控飞机的价格却没有改变。

这样一来，顾客看到型号又大、价格又便宜的遥控飞机并不比价格高、型号小的那种质量差，以为捡到了便宜，便毫不犹豫地将其买下。一些有派头的人，看到型号小，价格反比型号大的游戏机的价格高出20元，以为遇到了真货，也纷纷抢着购买。

时间不长，两种不同型号的遥控飞机被抢购一空。

经理有意提高型号小的遥控飞机的价格，使两种游戏机的价格形成强烈的对比，引起顾客的购买欲望，从而收到了良好的促销效果。

为什么同样的商品标上不同的价格，销售状况却会发生如此大的改变呢？原因是一般人有两种消费心理：一种是物美价廉，一种是便宜没好货。销售人员正是运用这两种商品的价格差，使两种消费心理巧妙地发挥了作用，从而收到了良好的营销效果。

销售的本质就是让客户有一种占便宜的感觉，没有什么能比优惠、便宜、免费更能引起客户的注意，激起客户的兴趣。销售高手总是善于利用人们的这种心理，找出借口卖出东西，并让客户觉得自己占了便宜。

那么，销售人员怎样做才能让客户觉得自己占了便宜呢？你可以去看看商场中最畅销的产品，它们通常不是知名度最高的名牌，也不是价格最低的商品，而是那些促销"周周变、天天有"的商品。促销的本质就是让客户有一种占便宜的感觉。一旦某种以前很贵的商品开始促销，人们就觉得买了实惠。

虽然每个客户都有占便宜的心理，但是又都有一种无功不受禄的心理，所以精明的销售人员总是能利用人们的这两种心理，在未做生意或者生意刚刚开始的时候拉拢一下客户，送客户一些精致的礼物或请客户吃顿饭，以此来提高双方合作的可能性。

贪图便宜是人们常见的一种心理倾向，我们在日常生活中经常会遇到这样的现象。例如，商场打折了，超市促销了，人们只要一听到这样的消息，都就会争先恐后地赶去，以便买到便宜的东西。

物美价廉永远是大多数客户追求的目标，他们总是希望用最少的钱买最好的东西。这就是人们占便宜心理的一种生动的表现。

占便宜也是一种心理满足。客户会因为用比以往便宜很多的价钱购买到同样的产品而感到开心和愉快。销售人员其实最应该懂得客户的这一心理，用价格上的差异来吸引客户。

从前有一个卖衣服的店铺，店铺里有一件珍贵的貂皮大衣，因为价格昂贵，在店里挂了一两个月也没有人来买。老板很是为此事发愁，于是就请来店铺里的伙计商量，看看有什么好的方法，并宣称如果谁能将这件衣服卖出去就会得到10两的奖励。

听了老板的话，刚来不久的伙计小张就站出来打包票说自己能够将这件貂皮大衣卖出去，老板不信，但因为没有其他的法子也就暂且让他试一试了。

小张是这样安排的，他要求掌柜的要配合他，不管谁问这件貂皮大衣卖多少钱，一定要说是五百两银子，而其实它的原价只有三百两银子。

安排好后，小张开始在前面打点，老板的在后堂算账，一上午基本没有什么人光顾。中午吃过饭后，来了一位妇人，她在店里转了一圈后，看上了那件卖不出去的貂皮大衣，她问小张："这衣服多少钱啊？"

小张假装没有听见，只顾忙自己的，妇人加大嗓门又问了一遍，小张这才反应过来。

他对妇人说："不好意思，我是新来的，耳朵有点不好使，这件衣服的价钱我也不知道，我先问一下老板。"

说完就冲着后堂大喊："老板，那件貂皮大衣多少钱？"

老板答道："五百两！"

"多少钱？"小张又问了一遍。

"五百两！"

声音很大。妇人听得真真切切，心里觉得太贵，打算不准备买了。

而这时小张憨厚地对妇人说："掌柜的说三百两！"

妇人一听顿时欣喜异常，认为肯定是小张听错了，自己少花二百两银子就能买到这件衣服，心里一阵窃喜，但又害怕老板出来知道价格后不卖给她了，于是赶紧付过钱后就匆匆地离开了。

就这样，小张轻松地把滞销了一两个月的貂皮大衣按原价卖了出去。

小张就是利用了妇人占便宜的心理，成功地将衣服卖了出去。销售人员在推销自己的产品时，也可以利用客户的这种占便宜的心理，使用价格的悬殊对比来促使交易的成功。其实，在世界顶尖的销售人员的成功法则中，利用价格的悬殊对比来俘获客户的心是一种常用的方法。

销售人员在让客户感到自己占了便宜的销售中，优惠是最有效的销售方法之一。优惠政策就是抓住客户心理的一种推销方式。大多数客户都只看你给出的优惠是多少，然后和你的竞争对手做比较，如果你没有让客户觉得占了便宜，客户很有可能就会离你而去。所以你不仅要注重商品的质量，还要注意满足客户这种想要占便宜的心理需求。

但是，优惠也不过是销售的一种手段，说到底是用一些小利益换来大客户，你还是有赚头的，不然商场里怎么可能经常会有促销的活动。当然，在优惠的同时，你还要传达给客户一种信息：优惠并不是天天有，你很走运。这样，客户占便宜的心里才会更满足，他们才愿意购买你的产品。

古人曰，欲取之，必先予之。意思是说，先投入一点，才能收回更多的回报。

其实，这是一个平凡得再也不能平凡的道理：不要说赚取钱财，就是无论做什么事情，都应该未雨绸缪，将眼光放长远一点，不要鼠目寸光。

坪内寿夫被日本人称为"电影皇帝"和"造船大王"，其实他的高明之处只有一点，那就是让顾客感到他可以给他们更多的利益。

第二次世界大战后，日本陷入了贫困的深渊，人们迫切需要的是吃饭和穿衣，也就是解决基本的温饱问题。

那时，坪内寿夫刚从日军战俘营里被释放出来，由于没有发财的事情可干，他只得跟着父母经营自家的电影院。可是当时的人们连温饱都不能解决，谁还有心思看电影，因此上座率很低，他们一家人的生活也变得越来越困难。

为了改变这种状况，坪内寿夫想出了一个办法，那就是一场电影放两部片子。

在电影院，一般的情况是一场电影放一部片子，现在坪内寿夫的电影院放两部片子，观众觉得占了便宜，就连本来不想看电影的人也都来看了。时间不长，坪内寿夫就有了一笔很可观的收入。

后来，随着日本经济的不断好转，文化事业也百废俱兴。坪内寿夫决定在此方面大干一番。于是他拿出自己的全部资产修建了一座电影大厦。他的这座电影大厦有四个放射状的影厅，可以同时放四部不同的电影，影厅里用红、绿、橙、蓝四种颜色来区别。四个影厅只有一个入口，只有一个放映室。这样不仅减少了雇员，还给不同兴趣的观众提供了选择不同影片的机会。

经过几年的奋斗，坪内寿夫就成了当地赫赫有名的电影皇帝，口袋里的钱足以给他进一步大展鸿图的良机，于是他的目光又开始四处扫射。

坪内寿夫的目光盯住了日本的四国岛。在那个年代，四国岛的渔业生产一般都是夫妻店，一条小船，一对夫妻，虽然披星戴月，但还是度日艰辛。他们都希望自己能够打到更多的鱼，更换更好的船。

发现这种情况后，坪内寿夫决定开办一个造船厂。此时正好有一家破败的造船厂准备装让，坪内寿夫便立即买下了下来。

要使一家破败的造船厂在同行业中有立足之地，没有一点新的招数是不行的。当时，日本政府对500吨级以上的船只审查很严，各种手续很多。坪内寿夫决定在这一点上做文章。他把渔船的吨位定在了499吨，虽然与政府规定的标准只有1吨之差，但渔民却可以减少很多繁杂的手续，同时又可以让渔民的船有足够的吨位。很多渔民都很想买这种船。

坪内寿夫的渔船很快就造了出来，但由于渔民的经济条件不好，虽然很想买，但一次又拿不出那么多的钱。面对渔民的这种情况，坪内寿夫经过分析又做出了一个大胆的决定，那就是分期付款。

渔民听说后，纷纷加入了买船的行列，买到船的渔民经济效益显著增加，又吸引着更多的人加入买船的行列。

坪内寿夫的造船厂，随着四国岛渔业的发展，一起发展了起来。几年时间，坪内寿夫的造船厂竟然进入了日本5大造船厂之列，名列世界造船业的第22位。

坪内寿夫之所以能够成功，关键就在与他让顾客觉得在自己那里占了便宜。

其实，占便宜只是顾客心理想获得一种胜利的满足感，感觉自己在这次交易中是受益的一方，是胜利的一方。在销售的过程中，你如果能让顾客觉得，他赢了，他购买得超值。这样，顾客就会经常喜欢到你这里来"占便宜"。

"便宜"是客户把同类商品比较后得出的一种自我判断，消费者不仅想占便宜，还希望"独占"，销售员可以利用客户这种想独占便宜的心理，学会满足客户的这种心理需求，而不是一定以低价将产品卖出去。因此，销售人员要学会利用客户爱占便宜的心理来做销售。

顾客在购买产品的过程中，对所需的产品有不同的要求，出现不同的心理活动。用尽可能少的经济付出求得尽可能多的回报，这种消费心理活动支配着大多数人的购买行为。而客户占便宜的心理也给了销售人员可乘之机。那么，销售人员怎样利用客户爱占便宜的心理来做销售呢？

1. 销售人员要懂得了解客户的底线

客户在购买某产品时，会事先做好预算。如果销售员报出的价格超出了客户的心理价位，超出了客户的预算范围，那么交易就很难成功。如果报价低于客户的心理价位，客户就会对产品的质量产生怀疑。所以，销售员要尽可能了解客户的心理价位，这样才有助于销售目标价格的制定，有助于高效率地完成交易。

2. 销售人员在进行销售时要善于利用价格悬殊来诱导客户

销售人员在推销产品时，可以利用客户的贪便宜心理，使用价格的悬殊对比来诱导客户购买。我们先在客户的心里设置一个较高的价位，或者在对方心里设置一个价格悬念，然后再以一个比原来低得多的价格做对比，让客户通过比较，感觉到自己占了便宜，于是交易就很容易成功。但销售人员在利用价格悬殊来诱导客户购买产品时，要掌握好分寸，避免方式过激给客户造成被骗的感觉，如此就会为你以后的销售埋下祸根。

3 利用优惠时限刺激客户

面对打折产品，一些客户会因为产品对自己来说可有可无而犹豫不决，但是一些规定了优惠时限的产品却能很快被抢购一空。客户的贪便宜心理会告诉自己：机不可失，失不再来，过了期限、商品恢复原价后就买不到了。从心理学上讲，客户会在这种外界压制下产生强烈的心理不平衡，同样的产品，我现在买就能省好多钱，以后再买多不值啊。于是在这种焦虑下，客户就会积极行动，强迫自己在规定的时间内完成购买任务。所以说，商家所规定的优惠时限会给客户制造一定的购买压力。

直击关键人物，冲破"小鬼"防线

作为销售人员，必须一开始就找到潜在目标客户的关键联系人，否则一切努力都是白费。但是很多销售员，好不容易找到了客户资料，在面见客户时，却总是无法绕过公司的门卫和前台。因此，要想顺利进行沟通，你就必须先绕过那些障碍。因为只有消除这重重的障碍，你才可以开展正式的销售活动。

销售人员在销售时，一定要找到关键人物，否则成交是不会成功的。

小宋是一家食品公司的推销员，一天他来到一个工厂进行推销。当小宋经过重重阻挠来到行政处时，看到里面坐着一位40多岁的女士在看报纸，一位50多岁的男士在喝茶。他在请教了那位男士的姓名后，就一口一个"处长"地叫着，并详细介绍了自己的产品，并拿出自己的食品让"处长"品尝。这位男士边品边点头说"味道不错"。小宋听了"处长"的反应非常高兴。接着，"处长"对那位正在看报纸的女士说："宋处长，咱们厂不是要发福利吗？这食品不错，要不，咱们就发食品吧？"宋处长头都没抬就拒绝道："不好，不要。"小宋这才明白，原来看报纸的女士是正处长，男的是副处长。

上面的故事屡屡发生，因此告诫销售人员，在拜访客户时，一定要弄懂销售过程中的一个重要问题：谁才是我们谈生意的对象？许多销售失败的原因就是销售人员敲错了门，拜访的是不该拜访的人。

销售的一条基本准则就是"向权力先生推销"，但现实情况是：

一些企业的决策机制很复杂，一笔业务要由几个部门或几个人来共同决定。

企业不同，权力分配也不尽相同，比如有的企业是办公室负责发放福利，有的企业是行政处负责，而有的企业则是工会负责。

客户中有这么一些人，他们不一定是有权的人，但他们的支持或反对，对你的推销的成交有着至关重要的作用，也就是"县官不如现管"中的"现管者"，他们都是影响生意成败的"关键人物"。

所以，销售人员在拜访客户之前，一定要弄清楚关键人物是谁。有的单位对这种事情比较敏感，销售人员要尽量避免产生不必要的问题和麻烦。

人常说：打蛇打七寸，擒贼先擒王。一个成功的销售人员要从确定销售对象，找到对方关键人物入手。销售中的每一环节对销售的成败都有影响，其中影响最大的就是在销售中起决定作用的关键人物。要想把握销售的主动权，成功地销售，这就要求销售人员找到对方的关键人物。从关键人物出发把握销售的成败。

小陈是业内一家知名大型工程设备公司的销售员，他知道某工程公司计划购买40辆大卡车的消息后，就马上开始跟进。

首先，小陈找到了工程部经理，经过初步沟通，得知工程部经理主张购买业内知名的设备，这个消息对小陈及他所在的公司都非常有利。

但让小陈没想到的是：当他找到设备部经理时，经理明确表示这次没有购买知名设备的意愿，因为现在经费紧张，预算只能维持在一些小的不知名的设备上。

小陈按照销售理论中的"销售的成功取决于能否找到决策人"的原理，找到这家公司的经理，但此时经理的答复是没有预算，他对此也没有办法。

销售进行到这里，好像已经没有希望了，失败的可能性非常大。小陈马上向销售经理做了汇报。经理据此做出新的指示：现在最关键的工作是要与财务部经理接触，并且要向他说明国家对此设备质量要求的相关政策。

经过小陈的积极努力，财务部经理最后答应预算可以做些小的调整，但具体还需要与设备部及其工程部商定后再决定。

在与设备部经理的进一步接触中，经理对设备质量表示出浓厚兴趣，但工程部的采购需求报告中所要求的高度不在质量的范围内。设备部经理将此情况向总经理做了汇报，总经理表示要进一步与总工程师研究。

小陈接触总工程师以后，总工程师认为设备高度再大一点也应该是考虑的范围。销售人员对产品质量的差价做了说明以后，总工程师马上给总经理打电话，表明了他的倾向性意见。

小陈又将销售的主要精力放在了总经理身上，经过进一步的工作，总经理与财务部经理进行沟通，财务部经理同意对预算做进一步的调整。最后，小陈成功地获得了40台价值50万左右的订单。

通过上面的案例可以看出，销售中所涉及的关键人物数量众多，而且对于设备的采购都有各自不同的意见，这些不同乃至相反的意见都会极大地阻碍销售工作的进行，因此，在本案中，最关键的因素就是找到客户中的关键人物。但销售人员在销售的过程中要想找到关键人物，也不是一件轻松的事情。当你踏出销售拜访的第一步，就要被门卫、秘书、办公室人员拦住审问一番，最后得到的答复，不是"他正在开会"，就是"他不在"等回答。总之，你要找到关键人就要冲破重重阻挠。

进行销售的沟通，只有找到决策人才算是沟通的开始，因为非决策者无法对你所提供的产品和服务做出购买的决定，所以销售沟通最重要的一点是如何找到真正的购买者。能做决策的购买者往往是公司或企业的高层或负责人。在找到他们之前，销售人员往往被对方的门卫、秘书、办公室人员挡住。所以，学会如何在短时间内突破这些门卫、秘书、办公室人员的挡驾将是你顺利销售的一个重要的环节。

那么，销售人员怎样才能绕过门卫、秘书、办公室人员，找到你的谈判目标呢？在这里提供一些诀窍，让你利用人性和心理学，增加突破的机会，获得见面的机会。你还可以选择符合你个人风格的方法，或者根据对方的反应随机应变。

1. 恳求帮助法

每个人内心深处都有帮助他人的意愿，所以突破这些障碍的第一个方法就是帮助法则。

"先生（女士）您好！我有急事需要马上跟赵总商讨一下，您可不可以帮我转告赵总？"提出这个愿望，同时你说的话又讲得非常贴切有礼貌，对方就很难拒绝。

销售是面对面的沟通，你的一言一行都将决定对方对你的印象。如果想让别人听下去，就要给对方一个良好的印象，进而为自己塑造一个良好的性格。

在与这些障碍进行沟通时，要很尊重他们。而尊重的语气，首先表现在礼貌的寒暄、言语的适当停顿和聆听他们说话的反应上。如果你没有招呼，语言唐突，术语太多，不顾对方的反应，令对方不得要领，这样就会给对方留下不好的第一印象。

所以，销售人员要想运用恳求帮助法通过这些障碍，就要在与这些障碍交谈的过程中，表现得真诚恳切，顺情合理，这样你才能得到这些障碍的认可。

2. 妙用私事法

"我找李总。"

"请问你找李总有什么事情？"

"我跟李总之间有些个人私事，我想你一定不太方便替总裁处理他的私事吧？"

"好吧，你稍等一下，我帮你通告一下。"一般的秘书在私事问题上害怕涉及总裁的隐私，万一处理不好就要被炒鱿鱼，因此就会马上帮你通告。不过，你说话的语言、声音要让她感觉到你跟总裁之间有私事、私交、私情。

3. 巧妙地回电话

"刚才我的手机接到了一个电话，可能是你们总经理打给我的，能帮我转一下吗？"也许你的手机从来没有接到过电话，但你说了这句话，秘书就会认为是自己老总打出的，所以就给你转进去了。这个方法特别巧妙，用这种方法打给许多企业的总裁秘书，她们一般都防不胜防。因为她的确无法判断你讲的这句话是虚假的，还是真实的。

4. 我是××先生的朋友

"我找××先生。"秘书就会认为，可能××先生是你的好朋友，直接叫他的名字，她就把电话转给了。而该人与他可能并不相识，但他让秘书感觉到跟是老朋友、老同事、老关系、老业务、老团队的成员，而让秘书觉得无法拒绝他，因为他太亲切，太熟悉了。假如今天你想与客户建立一种良好关系的话，有时不妨说："喂，我跟你们老王是老朋友了……只是没有见过面而已。"那就是"神交已久"，精神的交往已久，只是没见过面罢了。

5. 有时应直截了当

直截了当法则有个技巧，就是销售人员必须有非常强烈的自信心。在找人时提高声音说："喂，找一下老王。""喂，找一下李总。"那样，你给对方的感觉是你高高在上的。有一位经常跟各部委做项目商务的人，在拿起电话打给别人时往往直言说："我是商务部，我找王先生。"本来是王总，他不称呼对方王总，他称呼王先生。一听是商务部的，秘书还敢挡驾吗？"

销售人员在运用直截了当的方法开拓业务时，如果能培养出自信心，交谈时有非常贴切的尺度、贴切的分寸、有效的空间，就能给客户带来良好的印象。

6. 善用诱导法

在绕障碍时，有些销售人员不懂得诱导秘书。

比如："请问采购部的经理您知不知道？"或者问："我可不可以找一下你们的经理？"能不能用这样的语气问呢？不能。因为没有引导性。

销售人员要养成一个习惯，不要用这种问法。应该说："您知道供应科的电话吧，我记一下。"引导他默认"是"，然后告诉你。

"麻烦您，请您叫一声经理好吗？谢谢您。"引导他默认"好"，然后告诉你。

再对比下面的两句话："这个星期再吸收 5 个会员行不行？"与"这个星期再吸收 5 个会员有没有信心？"很明显，后一种问法更能诱导出肯定的回答。

所以销售人员在选择语气时，要学会把这些障碍向你所希望的方向引导。也就是说，只有给这些障碍一个很便利的回答方式，你才能得到你想要的肯定的回答。

销售人员不要去诱导这些障碍说"不行""不可以""没有时间""不可能"。如果你总是不能对这些障碍给予很好的诱导，那你还怎么能绕过去呢？

7. 与助手搞好关系

这是你首选的策略。障碍即助手们，他们是目标人物的左右手，很可能帮你解除困难。因此必须搞好与他们的关系并耐心地解释你的意图，以及你想与老板见面或谈话的原因。

8. 懂得应付对方的反对

即使你已尽全力，助手仍然坚决拒绝，那你就应当找到适当的论据来驳斥她。别一味相信她说的那一套：当她说"留下你的电话号码，待会儿我们回复"，或"经理在开会，我不知道什么时候结束时"，千万别相信！这些谎话是对销售者的最有效的路障。不应该再来拜访，而应问她合适的时间，什么时候才能找到经理。如果你感到她的回答是谎话就别留下姓名，下次找个合适的机会再拜访。如果秘书说："老板没有时间"或"他在开会"，则应该立即回答："什么时候拜访才能找到他？""我们暂且定下会谈时间，然后迟到再确认，老板不同意的话也可以取消。"当她说"将你的产品目录留下来吧！"你应答没有或要求亲自带到公司自己介绍。如果你不认识负责人的名字：只须讲你想知道负责人的名字，因为他很可能会对你的产品感兴趣，以便沟通。一是知道他的姓名，二是可以稍后再拜访，与之定下会谈的时间。没有预算，购买计划搁置了，记下日期，如果对方说，我们的购买计划已被搁置，或今年的预算已耗尽了。那你就一定要知道新的预算什么时候产生，然后记下日期，到那时候再拜访，即使是3~6个月以后，这样你就拥有比你的竞争者更有利的战略性信息：那家公司什么时候会对你的产品最感兴趣？

9. 向秘书小姐施压

如果你已经按照秘书的要求做了，你便可以向她施压以取得会谈的机会。"当我在寄过小册子后我会在双方约定的日期、钟点来电。"对她说：我已按你的要求寄来了小册子，现在让我跟你谈一谈吧。50%的机会可以越过障碍。如果秘书仍然拒绝就对他说，你要发传真给老板，让他确认是否他自己真的不想了解有关你产品的资料。最后你也可以说："由于你的拒绝，你公司很可能会花更多的钱购买了一种品质不如我推介的产品。"

10. 应用专家的计谋

所有的技巧都有可能无效，如果你遇到的秘书像恐龙一样行事。在这种情况下，无谓浪费精力，用"突击队"的策略吧。换个时间：有些时间是特别适合直接拜访你想找的人的：当秘书不在时，那么你便有很大的机会拜访到经理本人。在早上7：30到8：30期间碰碰运气吧，星期六早上也可。直接与总经理联系：真的有问题时，也可直接致电总经理的秘书处理，这样会遇到较少的阻碍，但通常许多销售员都不敢尝试。当然，你不可能同总经理通话，但当对方告诉你打电话去子公司了解时，你就可以有机会说出被推荐的话：总经理的助手李小姐告诉我你公司的电话，让我直接与你联系。借你某大客户的名声来介绍自己：找到你与对方公司的共同客户或供应商，以其名义致电，如此可能会引起对方的重视，而且可以给对方留下与其他销售员不同的印象。

　　隐藏你来电的真正意图：你打电话时应把你真正的目的隐藏起来，告诉对方别的理由。例如，想购买某种商品，询问资料或应聘某职位等，然后再在谈话过程中透露你的真正意图。

第四章

会说话，
尽快尽速成交

学会"说话"，说来大订单

俗话说："买卖不成话不到，话语一到卖三俏。"销售人员是依靠嘴巴来吃饭的，所以，一名出色的销售人员一定要会说话。只有会说话，才能让客户感受到你的魅力，也才乐意购买你的产品。因为会说话不仅能够充分展示一个销售人员的个人魅力，同时也给顾客带来了愉悦的享受。可以说，交易的成功，往往是会说话的产物。

每个人都会说话，但要将话说好却并不是一件简单的事情，而这也正是营销人员与顾客做好沟通的前提。会说话，也就是在合适的地点，合适的时间，对合适的人说出合适的话。

将话说好需要讲究一定的艺术，也就是表达方式的艺术，同样的一个意思，不同的表达方式，却会收到不同的效果，这就是说话的技巧。

从前有一个国王，晚上做梦，梦见自己的牙全掉光了。于是，他就找了两位解梦的先生。国王问他们："晚上我做梦梦见自己的牙都掉光了，你们帮我解解这是什么意思？"第一个解梦的先生就说："您梦的意思是，在你所有的亲属都去世以后，你才会死。"皇上听后，龙颜大怒，杖打了他一百大棍。第二个解梦的先生看到第一个解梦先生的下场，就转换了一下语言方式说："您梦的意思，您将是您所有亲属中寿命最长的一位。"皇上听后非常高兴，便赏赐了第二位解梦的先生。

同样的一件事情，同样的内容，为什么一个会挨打，另一个会受到奖赏呢？这是因为挨打的人不会说话，受奖赏的人会说话的缘故。这就是说话的技巧，同样的意思，不同的表达方式不同结果却截然不同。

由此可见，会说话对于每个人是非常重要的，对于销售员来说当然是更加重要。销售人员会说话，才能让客户满意，从而促成交易的成功；反之，销售人员不会说话，就很容易让客户犹豫不决，甚至生气，从而使交易失败。

销售没有固定的模式。但归根到底，成功推销就是找到客户最容易被打动的那根"心弦"，用得体到位的话去"拨动"它，让客户心甘情愿地掏钱购买你的产品或服务。如何拨动呢？就要靠你随机应变的口才。

一般情况下，人们面对推销人员时总是心存戒备的，常常以各种理由将他们打发走。作为推销人员的你，如果面对客户，你应该怎样消除对方对你的戒心，如何拉近对方和你之间的关系呢？很显然，如果拉近了你与客户之间的关系，交易就会变得很容易，订单也就很容易拿到手了。这时，就需要你有好的口才，需要你会说话。

在美国销售界，乔·库尔曼可谓是一个传奇人物，更是很多推销员眼中的偶像。他是全美国推销员里收入最高的人之一。在他多年的推销中，他成功地推销出去了超过4万份人寿保险，平均每天达到5份，他由此被业内人士尊称为"金牌推销员"。

乔·库尔曼能得到业内人士的如此尊称，肯定有其与众不同的成功秘诀。那他的成功秘密究竟是什么呢？按乔·库尔曼自己的话来说就是能吃苦耐劳和会说话。换句话说，乔·库尔曼正是凭借着自己的勤奋努力和出众的口才，才能成功地将人寿保险推销给了每一个客户。

吃苦耐劳是每一个推销人员都必须具备的，也是很容易做得到的，但会不会说话，那就不一定了。我们通过乔·库尔曼下面的故事看看他是怎样与客户说话的。

有一家公司的老板，名叫罗斯，他平时工作非常忙。很多推销员对他的推销都失败了，但乔·库尔曼却成功了。那他究竟是怎样做到的呢？

乔·库尔曼在初次见到罗斯后，便主动上前去打招呼："您好！我叫乔·库尔曼，保险公司的推销员。"

罗斯听了乔·库尔曼的介绍，很不高兴地说："又要推销什么产品，你今天已经是我见到的第十个推销员了，我现在工作很忙，没有时间听你说，你赶紧走吧。"

乔·库尔曼听了罗斯的拒绝，不仅没有气馁，反而微笑地对罗斯说："请允许我做一个自我介绍，只需耽误你1分钟的时间。"

罗斯有些不耐烦地说："我现在很忙，没时间听你说话，你赶紧走吧！"

乔·库尔曼当然没有走，他只是低下头来，花了整整1分钟的时间去看放在地板上的罗斯公司生产的产品，然后问罗斯："这些产品是您生产的？"在得到罗斯的肯定回答后，乔·库尔曼又问："您从事这一行有多少年了？"罗斯回答："22年了。"乔·库尔曼继续问道："真了不起啊！那您是怎么开创您的事业的呢？"当乔·库尔曼向罗斯问到这句话时，这句乔·库尔曼知道充满了魔力的话，果然在罗斯身上也发挥了作用。只见罗斯放下了戒备，开始与交谈起来，从自己早年的创业一直到现在的成功，罗斯喋喋不休地说了很长时间。

结果可想而知，乔·库尔曼和罗斯不仅交谈得非常愉快，罗斯还热情地邀请乔·库尔曼参观了自己的工厂。这是第一次和罗斯的见面，虽然乔·库尔曼没有卖出保险，但却和罗斯成了朋友。在接下来的三年里，罗斯竟主动从乔·库尔曼那里连续买走了8份保险。

对于罗斯，为什么别的推销员会失败，而乔·库尔曼却不仅能和罗斯成为朋友，而且还将自己的保险成功地推销了出去？究其根源，是因为乔·库尔曼懂得怎样与客户说话。

会说话的推销人员，很容易就能拿到订单。在面对客户时，推销员最重要的工作就是说服顾客。而要说服顾客，如果没有好的口才是不会成功的。要知道，货卖一张嘴，全凭舌上功。

销售人员会说话，不见得一定就是伶牙俐齿，口若悬河，更非一般人想象的那样妙语连珠，连哄带骗。其实，真正的好口才和会说话，只不过是一套结构化的沟通方法和诱导技巧。销售人员的话不一定要多，但说每句话的时机和节奏要拿捏得恰到好处，这样才能使自己的销售具有威力；说话时表达也不一定要多么漂亮，但每句话都能做到有的放矢，正中客户下怀，这样订单才会顺利拿下。

小孙是一家玩具店的销售员。自从他来到这家店上班后，不仅店里的玩具卖得快，回头客多，而且由老客户介绍来的新客户也特别多。很多人都想知道小孙究竟有什么样的销售秘诀。有人还专门来到小孙的店里，坐在旁边观察小孙是如何跟客户打交道的。下面我们从这个销售过程中看看小孙是怎样与顾客打交道的。

早上，店面刚开门，小孙便迎来了一位顾客。当这位顾客刚走进店门，小孙便发现他满脸愁容。进店之后，顾客也没有说话，只是在玩具前转来转去。小孙忙走过去，很有礼貌地问他："您好！您是要给孩子买玩具吗？"

顾客说："是的，我也不知道买什么样的玩具孩子才会喜欢，现在的小孩子很难伺候。"顾客不经意地回答，尤其是最后一句，却让小孙的心里顿时兴奋了起来。只见他马上接着顾客的话题说："是呀，尤其是10岁以前的小男孩，好像什么都满足不了他，当爸爸的很是头疼。"

"太对了！我觉得爸爸是世界上最累心的角色！"顾客好像一下子找到了情绪的宣泄口，便抬起头来跟小孙滔滔不绝地聊起了他那6岁的儿子。顾客向小孙眉飞色舞地描述自己的儿子是多么的调皮，买的各种颜色的气球，一会就会被他扎破，给他买的画册，很快就会被他全部撕烂……而不管是什么玩具，玩不了几天就不喜欢了，真是太淘气了。

小孙听到这里，明白了顾客的真正需求，于是便顺势拿起了一款漂亮的玩具飞碟，向他推荐道："以我多年跟小孩子和玩具打交道的经验来看，这种飞碟一定适合您的孩子。"小孙边说还边打开了玩具飞碟的开关，然后拿起遥控器，熟练地操纵着，强化着自己的语气："这种玩具飞碟，玩起来特别有意思，不像气球或者画册，看两眼就没意思了。您的孩子很聪明，对新鲜玩具肯定是一学就会，所以，这种操纵较为复杂的飞碟，他一定能喜欢很长时间。这样您就不必为了寻找更新更好的玩具而费心了。而且这对您孩子大脑的发育也很有帮助！"

小孙介绍产品只用了两三分钟，言简意赅，句句说到了这位顾客的心坎上，满足了他的心理需求。果然，顾客马上问他："多少钱？"小孙说："300元，再赠送您一个遥控器。"顾客看了看玩具飞碟，说："有点贵了。"

听到顾客提出异议，小孙没有和他争辩，而是用亲和与理解的口吻，微笑着说："的确，现在市场上的很多同类玩具都比较贵，在一些店里，这款玩具有的还卖到了400元。小孩子的玩心足，做爸爸的真的很费心啊！而且，您每年在玩具方面的花费，就是一个不小的数目！但要买到一款满意的玩具，真的也不太容易。"说到这里，小孙稍微停顿了一会儿，然后用肯定的语气说道："这样吧，价格我给您打到九折，您看可以吗？"

看到小孙充满诚意，这么善解人意，顾客爽快地购买了一套玩具飞碟。

在临出门时，顾客又转身回来，购买了两辆遥控小汽车，然后留下了电话号码，并对小孙说："谢谢你的建议，我今后一定要多给他找一些耐玩且益智的玩具，希望你也能帮我留意一下，新的玩具一到货，就要及时地给我打电话。"

小孙认真地记下了顾客的电话，然后递上自己的名片，最后又特意叮嘱客户："现在市场上很多玩具的质量都不好，我们的玩具都有品质保证，如果您从本店购买的玩具出现了质量问题，七天之内可以凭借发票无条件更换、退货。"

最后，顾客带上玩具，高高兴兴地走了。而小孙一直把他送到门口，然后握手告别。

看到这里，你发现小孙有什么销售秘诀了吗？是的，小孙非常善于察言观色、善解人意，更重要的是，他拥有非常好的销售口才！

妙语一句财源滚滚，拙言一语前功尽弃。对于推销员来说，会说话是说服客户的利器，是把握主动权的保证，是推销成功的前提。

对于推销人员来说，最忌"祸从口出"。很多时候，推销员拿不到订单，不是因为说话太多或者说话技巧不够好，就是由于在不该说话的时候没有闭上嘴巴或者是说了不该说的话。

推销人员会说话，就会拿到订单；不会说话，就会业绩惨淡。会不会说话，关键是看说出来的话，是不是客户喜欢听的话和需要听的话。那么如何才能说出客户爱听的话呢？这就需要推销员掌握一定的心理学知识，只有对人的心理有了一定的了解，才能说出别人喜欢听的话。

1. 销售人员在推销产品时，不对顾客说批评性的话语

对顾客说批评性的话语，是很多销售人员的通病，尤其是刚入行的新人，有时不经意说出的一句话就会伤了别人，虽然我们是无心去批评指责，只是想打一个圆场、有一个开场白，而在顾客听起来，感觉就不是很舒服。

在现实生活中，每个人都希望得到对方的肯定，人人都喜欢听好话。业务人员从事推销，每天都与不同的人打交道，赞美性的话语更应多说，但也要注意适量，否则，就会让人感觉虚伪造作、缺乏真诚。另外，赞美客户的话要出自内心，不能不着边际地胡乱赞美，要知道，不卑不亢自然表达，更能获取客户的心，让客户信服。

2. 销售人员在与顾客交谈中，尽量避免主观性的议题，不可随意发表自己的见解

销售人员在销售过程中，与你的销售没有什么关系的话题，你最好不要参与去议论，比如政治、宗教等涉及主观意识，无论你说的是对还是错，这对于你的推销都没有什么实质意义。

一些刚加入的新人，由于工作时间不长，经验不足，往往在与客户的交谈中，不能控制客户的话题，往往是跟随客户一起去议论一些主观性的议题，最后意见便产生分歧，等争论完之后，一笔业务也就这样跟着失败了。所以有经验的推销员，在处理主观性的议题时，起先会随着客户的观点，一起展开一些议论，但争论中适时立马将话题引向推销的产品上来。总之，在销售过程中，与销售没有关系的话题，推销人员要应尽量杜绝，最好是做到避口不谈，这对

你的销售会有好处的。

3. 销售人员在销售自己的产品时，要对自己的产品据实介绍，不夸大其词

任何一个产品，都存在着好的一面，以及不足的一面，作为销售人员应站在客观的角度，清晰地与客户分析产品的优势与劣势，帮助客户"货比三家"，唯有知己知彼、熟知市场状况，才能让客户心服口服地接受你的产品。提醒销售人员，千万不要在销售的过程中，夸大产品的功能。因为这一不实的行为，客户在日后享用产品的过程中，很快就会清楚你所说的话是真是假。销售人员切莫因为要达到一时的销售业绩，夸大产品的功能和价值，这势必会对你以后的销售业绩和产品的总体销售产生不利的影响。

4. 销售人员在与客户交谈中，不要说攻击同行的话语

生活中，我们经常看到这样的一幕，同行业里的销售人员为了拿到订单，对竞争对手说出带有攻击性色彩的话语，有的甚至将对方说得一文不值，致使整个行业形象在人心目中留下了不好的印象。多数的销售人员在说出这些攻击性的话时，缺乏理性思考，却不知，无论是对人、对事、对物的攻击词句，都会造成客户对你的反感，因为你说的时候是站在自己的立场看问题，不见得每一个人都与你站在同一个角度，你表现得太过于主观，反而会适得其反，对你的销售也只能是有害无益。这种不讲商业道德的行为，也很可能制约你今后的发展。

5. 销售人员在与客户交谈中，要懂得将枯燥无味的话题适时转化一下

销售中，难免会出现一些枯燥性的话题，也许你不得不去给客户讲解，但这些话题可以说是人人都不爱听。但是，由于工作所迫你不得不讲，这时你不妨讲得简单一些，一带而过。或者找一些客户爱听的小故事，小笑话来刺激一下，然后再回到正题上来，也许这样的效果会更好一些。这样，客户听了才不会觉得枯燥乏味，你的销售自然也就达到了有效性。

6. 在与客户交谈时，不要说任何不雅的话语

每个人都不愿与那些说话不雅的人交往，而都愿意与那些有涵养、有层次的人在一起。同样，在销售中，销售人员不雅的话语，也必会对自己产品的销售带来不利影响。比如，销售人员在推销时，最好回避"死亡""没命了"等诸如此类的词语。然而，有经验的推销员，往往在处理这些不雅的话语时，都会以委婉的话来表达这些敏感的词。不雅的语言，对于一个人的形象会大打折扣，它也是销售过程中必须避免的话，你注意了、改过了，你便获得了成功的希望。

瞬间成交技巧二十一

幽默推销，大客户也会爱上你

　　幽默能迅速赢得别人的好感，拉近彼此之间的距离。营销人员应掌握的职业素质中必不可少的便是幽默。在营销界，幽默一直被奉为推销成功的金钥匙，它具有很大的感染力和吸引力，能迅速打开客户的心灵之门，让客户在会心一笑后，对你、对产品或服务产生好感，从而诱发购买动机，促成交易的迅速达成。

　　如果说语言是心灵的桥梁，那么幽默便是桥上行驶最快的列车。它穿梭在此岸与彼岸之间，时而鲜明时而隐晦地表达着某种心意，并以最快捷的方式直抵人的心灵，提升幽默者在对方心中的分量。

　　在销售中，交易的过程本身就很容易让客户产生戒备与敌意，如果销售员能够适当运用幽默的技巧，就可以消除客户的紧张感，使整个商谈过程变得轻松愉快，充满人情味。幽默的销售员更能获得客户的欢迎，取得他们的信任，促使交易走向成功。

　　所以，在销售过程中，销售人员要学会巧用幽默，因为幽默不仅可以让你拥有好的人缘，还可以赢得客户的信赖和好感，同时也能让你面对困难时轻松自如、乐观向上。

　　销售人员在与客户商谈的过程中，经常会出现尴尬的场面，有时甚至会陷入僵局。这时，销售人员不妨恰当地使用一些幽默的语言，这样就会消除双方的尴尬气氛，拉近彼此之间的距离。幽默的语言能起到化干戈为玉帛，化敌意为友好，使客户在欢快的气氛中领悟自己的意图，进而打破僵局，出现对自己有利的局面。

"泰远"是一家旅社，它坐落于一个风景名胜区内。一天，有一位销售员前往该旅社向老板销售券商理财产品，当他与老板在旅馆中进行磋商时，如同一般准客户的反应一样，旅社的老板这样对他说"我再考虑一下，容我和我的太太商量一下再做决定"。这家旅馆名叫"泰远"，与"太远"同音，因此销售员在听完他的推拖之词后，就对老板说来到贵店"太远"，如是"太近"的话，多来几次也无妨。但是偏偏我却是身居在那遥远的北京……"听了这番话后，旅社老板不禁扑哧一声笑了，结果可想而知，销售员在当天就与旅店老板签订了合同。

一个小小的幽默，却能发挥出如此大的效果。聪慧的销售人员灵机一动，通过旅馆的谐音制造了一个幽默，却产生了出其不意的效果，打动了客户。如果你能让客户开怀大笑，你就能赢得客户，这就是幽默的力量。

另外，还有一个运用幽默促成交易的成功案例。

一名房地产经纪人领着一对夫妇向一栋新楼房走去，他想卖出一套房子给这对夫妇。一路上，他为了推销这房子，一直喋喋不休地夸耀这栋房子和这个居民区："瞧这个地方多好！空气洁净，遍地鲜花绿草，这儿的居民从来不知道什么是疾病与死亡。谁也舍不得离开这里。"碰巧就在这时，这个小区的一户人家正在忙碌地搬家。这位经纪人马上说："你们看，这位可怜的人，他是这儿的医生，因为很长时间没有病人光顾，他不得不迁往别处另谋生路了！"

销售人员在与客户沟通时，上述的情况时有发生，一些销售员常常在面对危机时束手无策，或者是找借口推卸责任，从而使销售氛围更加紧张。没有和谐的销售氛围，自然也就不可能有好的销售结果。房产经纪人巧妙地使用幽默化解了危机，紧张、尴尬的气氛化为乌有。

在幽默的氛围中，促成交易也会变得相对容易。用一则笑话，一句调侃营造一种幽默的氛围，当然是绝佳的销售途径。

日本销售之神原一平曾经说："幽默具有很强的感染力，能迅速打开客户的心灵之门。"在销售过程中遇到客户的投诉或是反对时，销售员只要多一些幽默，这往往能化解客户的负面情绪，为销售工作带来转机。

原一平就曾有过这样的经历，下面我们来看一看他是如何运用幽默的？

"你好！我是保险公司的原一平。"

客户说："喔……"

客户看过原一平递过来的名片后，抬起头来对他说："几天前曾来过一个保险公司的销售人员，他话还没讲完，就被我赶了出去。我是不会买保险的，你不要多费口舌了。你还是赶紧走吧，以免浪费你我的时间。"

原一平听了客户的拒绝，一本正经甚至还装着有点生气的样子说："真谢谢你的关心！你听完我的介绍之后，如果不满意的话，我当场切腹。无论如何，请你给我一点时间吧！"

客户听了忍不住哈哈大笑说："你真的要切腹吗？"

"不错，就像这样一刀刺下去……"他一边回答，一边用手比画。

客户也假装认真地说道："你等着瞧吧，我一定要你切腹不可。"

"来啊！既然怕切腹，我非要用心介绍不可啦！"话说到此，原一平脸上的表情突然从"正经"变成鬼脸，客户和原一平都不由自主地大笑起来。

不论如何，销售人员总要设法把准客户逗笑了，然后自己跟着笑，当两个人同时开怀大笑时，陌生的感觉也就消失了，彼此之间的心也就在某一点上沟通了。这不仅可以增添谈话的趣味，也会因为你的思维敏捷和机智而博得客户的好感。

原一平用了一种非常夸张的说法，制造了一个非常喜剧化的场面，打破了僵局，不能不说是运用幽默的杰作。可见，销售人员爽朗的性格和幽默的谈吐都是赢得客户好感的非常重要的因素。

销售人员在推销产品时，实际上就是在推销自己。一个懂得幽默的人，走到哪里都有人欢迎。营销人员素质的优劣，对实现企业营销目标、扩大销售、开拓市场，具有举足轻重的作用。幽默是营销人员必备的心理素质之一，幽默是人类宝贵的心灵财富，能让人从笑声中发现美好、善意和崇高。对营销人员来说，幽默既是语言艺术，也是风度和气质，是开展营销活动的润滑油、催化剂。

石磊是一家外卖公司的销售员，一天，他为一位客户送餐，这位客户看上去似乎心情不太好，就在石磊准备要走时，这位客户突然叫住了他。

客户："等一下，你过来看一下，这是怎么回事？"

石磊："您还有什么事吗，先生？"

客户："你看看你们做的菜，里面怎么还会有小虫子，你们这是在做菜，还是在养虫子？"

石磊："哦，它可真是太聪明了，竟然知道什么是最好吃的东西！"

客户："这……呵呵，好吧，既然这么好吃，我明天还要这道菜吧。但记住，我可不希望没有我的允许又有虫子来游泳。

还有一则故事：

某塑料制品厂的推销员在一次全国性的订货会上，向各地来宾介绍道："本厂生产的印花薄膜雨披，经久耐用，式样新颖。"说着，他拿起一件往身上一披。谁知这件雨披由于一直作为展品被试来试去，肩上已有破损。这多尴尬！要是换了别人，恐怕只能语无伦次，在众人的哄堂大笑中灰溜溜地下台了。可这位推销员很有经验，只见他微微一笑，不慌不忙地说："大家看见没有？像这种坏的，我们可以包退包换。"他的一句话马上将不利自己的因素摒除了。

这种情况下的幽默，不是来自外界，而正是来自他自己的沉着、机智、灵活、善变。在这基础上产生的幽默是营销成功的金钥匙，它具有很大的感染力，能让人们在会心一笑后，对你、对商品或服务产生好感，从而诱发购买动机或合作愿望，促进交易的达成。

幽默是一种特殊的情绪表现。它是人们适应环境的工具，是人类面临困境时减轻精神和心理压力的方法之一。俄国文学家契诃夫说过：不懂得开玩笑的人，是没有希望的人。可见，生活中的每个人都应当学会幽默。多一点幽默感，少一点气急败坏，少一点偏执极端，少一点你死我活。

幽默可以淡化人的消极情绪，消除沮丧与痛苦。具有幽默感的人，生活充满情趣，许多看来令人痛苦烦恼之事，他们却应付得轻松自如。用幽默来处理烦恼与矛盾，会使人感到和谐愉快，相融友好。

领会幽默的内在含义，机智而又敏捷地指出别人的缺点或优点，在微笑中加以肯定或否定。幽默不是油腔滑调，也非嘲笑或讽刺。正如有位名人所言：浮躁难以幽默，装腔作势难以幽默，钻牛角尖难以幽默，捉襟见肘难以幽默，迟钝笨拙难以幽默，只有从容，平等待人，超脱，游刃有余，聪明透彻才能幽默。

在销售中，幽默的沟通方式是人最容易接受的沟通方式之一。在使用幽默的沟通方式时，人们往往处于一种放松愉快的氛围中，沟通的双方往往会降低或放下防备，以一种积极开放的心态，更加乐意倾听和理解。幽默是建立信任、巩固关系的最佳策略，如果你能够让客户笑，那你就能够让他们购买你的产品。

那么，在具体销售过程中，销售员都应该如何运用幽默来助自己一臂之力呢？

1. 销售人员要善于用幽默化解危机

日常销售中，由于各种客观原因的影响，销售员难免会遇到各种销售危机，例如客户对购买的产品不满意要求退货、销售员约见客户时由于各种原因迟到等。在面对危机时，销售员不仅要知道怎样解决，更要知道怎样化解。而此时幽默就是化解危机最好的方法，销售员使用适当的幽默化解危机，能在很大程度上缓解与客户之间的矛盾，避免冲突的发生。

销售员晓晨与客户约好第二天上午10点到客户那里洽谈产品事宜，但是第二天由于晓晨有事耽误了，所以他打电话告诉对方10点半到达，没想到因为路上堵车，晓晨只能再打电话告诉客户11点到达。客户很气愤，告诉他不要过来了，也不会购买他推销的产品。

但是晓晨还是赶到了对方的公司，面对怒气冲冲的客户，他却笑着说："您好，我是××公司的销售员晓晨，刚刚听说您拒绝了一位销售员的推销，所以我马上过来了，希望我们的产品可以让您满意！"

客户乌云密布的脸一下子放晴了，甚至忍不住笑了出来，公司里也是一阵哄堂大笑。这时客户问："那我们看看你的产品吧。"

2. 销售人员要善于用幽默缓解客户情绪

当客户在享受服务时遇到麻烦，通常都不会有好情绪，在这种情况下，销售员不要急着向客户提问，过于平铺直叙地回应客户，而是要适当地运用幽默感，缓解客户的紧张情绪，然后再进一步采取有效的解决措施。

一个客户在使用自动取款机时，由于操作不当被机器吞了银行卡。于是她慌忙找到客户经理，焦急地说："我的卡被吞了，怎么办啊？怎么办啊？"客户经理没有马上向客户询问具体情况，而是非常冷静地说："哦，我说怎么早上发现少了一台机器，原来是被你的卡给吞了！"此话一出，逗得客户前仰后合，气氛马上轻松下来。接着客户经理才开始向客户询问具体情况，为其解决了问题。

3. 销售人员要善于用自嘲的方式表达幽默

自嘲是富有幽默感的人经常使用的一种说话方式，更是一种人生智慧的表现。一个人力求个性化、形象性并学会适当的自嘲，往往可以使自己说话变得有趣。在销售工作中，销售员如果适当地使用自嘲，不仅可以博得对方一笑，还可以拉近和客户的距离。

这种自嘲的幽默方式被许多幽默之人所使用，例如一位老师，虽然未到中年，但是头发已经大多秃光，于是许多学生在背地里叫他"秃头老师"。后来这位老师干脆在课上说："其实我倒希望我的头发可以掉光，这样我在上课时教室里的光线就会更明亮一些。"这惹得课上的同学一阵大笑，后来同学们都对这位老师尊敬无比，再也没有人叫他"秃头老师"了。

当然，幽默感并非每个人生来就具备，所以，一方面销售员要在工作和生活中多加体会和联想，通过后天的训练来获得和加强；另一方面，销售员不要为了幽默而幽默，有时班门弄斧、故弄玄虚反而会令客户产生厌烦。

生活中，幽默的人走到哪里就会将笑声带到哪里，如果我们是一个幽默的销售员，那么在整个交易过程中，你将会给客户带来很多快乐，使客户倍感轻松。

所以，在销售过程中，你不妨在适当地来点小幽默，融洽与客户之间对立的气氛，更快地达到彼此合作的目的。但是在运用幽默时，我们还要注意以下几点。

1. 幽默要适度

销售人员在销售中，适当地讲一些小笑话，能迅速降低客户对你的敌意，从而促使销售的成功。但幽默也要讲究度，如果分寸掌握不好，会给客户留下不靠谱的印象，自然不利于你下一步的成交。

2. 要注意幽默的内容

在销售的过程中，销售人员有时可能对一些紧急出现的尴尬场面进行调侃幽默，但千万不要拿客户的一些私人问题进行说笑，以免引起客户的不快，使客户觉得自己不受尊重。另外，在使用幽默时，语言一定要措辞明了，以免引起不必要的误会。

3. 幽默时要保持微笑

销售人员在和客户幽默的过程中，一定要保持微笑，否则，幽默就很可能被误认为是讽刺。微笑是销售员正在开玩笑的有力证据，销售员的微笑其实就是告诉客户，他此刻说的话是为了让客户高兴起来。有些销售员在开玩笑的时候一本正经，本来很有趣、很有意思的玩笑，经他一说就变成极有讽刺意味的话，结果不仅僵化了与客户之间的关系，也使交易的促成化为泡影。

4. 幽默不应该冲淡谈话主题

销售员和客户交谈的主题只有一个，那就是促成交易的成功。有些销售员相当幽默，开玩笑的手法也相当高明，但是一开起玩笑来，就将客户的思路拉得越来越远，最后冲淡了谈话的主题，使得交易失败。所以，销售员在幽默时，一定要围绕交谈的主题而幽默。

5. 不要嘲弄他人

如果客户认识你嘲弄的那个人，或者刚好与这个人有关系，那你就完蛋了。如果笑话被转述，而这其中肯定会被误传或更改，到时你必定会倒霉。

6. 自我调侃

这可以展现你平易近人的一面，同时也是一种安全的幽默形式。有人没有听懂笑话。如果讲完笑话后一片沉默，那是非常可怕的。所以，在正式场合讲笑话之前，一定要事先确定一下这个笑话是否真的好笑。不过，即便是再好笑的笑话，也难免会出现有人听不懂的情况。

7. 在讲笑话之前先认真倾听

销售人员在开口幽默之前先判断一下客户属于哪种类型或风格。有时候，幽默也是一把双刃剑，运用得是否得当将决定你的交易的成功与失败。

8. 尽量以个人经历作为笑话的素材，避免讲一些转述的笑话

销售人员在讲幽默笑话时，可以讲一讲发生在办公室里的、或者你自己人生中的一些趣事，不要一开口就是那些满大街都能听到的笑话，如果客户先前听过你讲的笑话，他就不会觉得有意思，自然你的幽默也起不到应有的效果。这就是拿自身经历开玩笑的好处，你可以保证客户是第一次听说。

瞬间成交技巧二十二

"倾听"出大订单

倾听，是销售的好方法之一。对销售而言，善听比善辩更重要。出色的销售人员往往善于聆听客户的抱怨、异议和投诉，善于倾听客户的需要、渴望和理想，善于听出客户没说出来的需求。销售人员只有通过对客户的倾听，才能搜集到有助于成交的相关信息。所以，作为销售人员，你要知道，有时候听比说更重要。

西方民谚说："聪明的人，借助经验说话；而更聪明的人，根据经验不说话。""雄辩是银，倾听是金。"而中国则流传着"言多必失"和"讷于言而敏于行"这样的济世名言。

以上这些名言都给了我们这样的建议：在与别人交往中，尽可能地少说话而多听。在我们身边，经常会有这样的一些人，他们喜欢多说话，总是喜欢显示自己怎么样，好像他博古通今似的。这样的人，以为别人会很佩服他们，其实，只要有点社会阅历的人，都会不以为然。更聪明的人，或者说智慧的人，往往会根据自己的经验，知道自己说得多了，必然错得也就多，所以不到需要时，总是少说或者不说。当然，到了说比不说更有效时，我们一定要说。

但是，成功人士都知道，大多数事情，不说比说更有效。当然，如果只是泛泛之交，那么随便聊聊也没有什么不可以的。可是，如果你把对方当作一个坦诚的朋友来对待，并要进一步深交的话，那就不要无所不谈，否则会给你的人际关系带来很多麻烦。

任何人话说多了后，都难免会有一些水分，因为这是人在自觉或不自觉中掩饰自己或欺骗他人的需要。而骗人的东西，想让别人不知道是很难的。因此，说得多就错得多，还是少说为妙，除非真的到了非说不可的时候。

雄辩是银，倾听是金。在销售中，这句话就更有用处了。如果销售人员在给顾客下订单时，对方出现了一会儿沉默，这时你千万不要以为自己有义务去说些什么。相反，你要给顾客足够的时间去思考和做决定。千万不要自作主张，打断他们的思路，否则，你会后悔莫及。

所以，如果你想在交际中成为一名左右逢源的人，成为最受欢迎的人，那么，建议你在和顾客谈话时，注意把好的机会留给顾客——让他说，说他关心的事。

一般销售人员在与别人交谈时，大多数时间都是他在讲话，或者他尽可能想自己说话。一般销售人员在推销产品时，70%的时间是他在讲话或介绍产品，顾客只能得到30%的讲话时间。因此这样的推销员业绩平平。而顶尖的推销员，总是将70%的时间让顾客讲话，自己倾听；30%的时间自己用来发问、赞美和鼓励顾客来说。

在营销界，几乎所有的成功推销人士都在建议我们：要倾听、倾听、再倾听！

倾听可以让你的生活变得更加快乐，倾听可以让你的工作变得更加轻松，倾听可以让你的订单来得更多，倾听可以让你身边的人更喜欢你，倾听可以让你的顾客更信任你。倾听是一种推销手段，倾听更是一种个人的修养。

客户的话就像是一张藏宝图，顺着它你可以找到宝藏！顶尖的销售人员往往善于聆听客户的抱怨、异议和投诉，善于倾听客户的需要、渴望和理想，善于听出客户没有说出来的需求。销售中80％的业绩都是靠耳朵来完成的。客户与销售人员之间其实是一种平等的交易关系，在双方获利的同时，还应尊重客户，认真对待客户提出的各种意见及抱怨，并真正重视起来，这样才能得到有效改进。

张浩在商店购买了一套西服，由于掉色的问题，要求退货。售货员坚决不同意，两人为此争执了起来。商店经理听说后，连忙赶了过来。

由于经验丰富，非常懂得顾客的心理，商店经理三言两语便把已经被售货员气得发疯的张浩恢复了平静。经理究竟采取了什么方法呢？

原来，经理见到张浩后，先是微笑和诚恳地静静听完张浩的抱怨和发泄。等张浩说完，又让售货员说话。当彻底了解清楚争吵的原因后，经理真诚地对张浩说："真是非常抱歉，我不知道这种衣服会掉色。现在怎么处理，我们完全听从您的意见。"

张浩说："那你知道有什么方法可以防止西服掉色吗？"

经理问："能否请您试穿一周，然后再做决定呢？如果到时候您还不满意，那我们无条件让您退货。好吗？"

结果，张浩穿了一周后，西服果然没有再掉色。

故事中的经理，给了我们一些倾听的启示。经理能够让已经暴跳如雷的顾客很快平静下来，关键在于，他能够认真地倾听顾客的不满。

显然，善于倾听在无形中起到了褒奖对方的作用，仔细认真地倾听对方的谈话，是尊重对方的前提，能够耐心地听说话者诉说，就等于告诉对方"你说的东西很有价值""你是一个值得我结交的人"。无形中，说者的自尊得到了满足。于是，说者对听者就会产生一个感情上的飞跃，认为"听话"者能理解自己，并欣慰于自己终于找到了一个可以倾诉的机会。如此，彼此心灵间的交流就使得双方的感情距离缩短了。

销售人员在和顾客谈话的过程中，会听是很一个很重要的环节，这是博得对方好感的一个秘诀。但遗憾的是，很多销售人员急于将自己的产品推销出去，把对方讲的话都当成耳边风，而且总是迫不及待地在交谈中问问题或打断对方的话，或陈述自己的观点。这些都是不适当的。欲速则不达，如果想使交易成功，顾客滔滔不绝地讲话时是成功到来的有利时机，你应该为此高兴，立刻提起精神来听，并不时附和着，要用好像听得出了神的样子去倾听对方的谈话。

对于喜欢说话的顾客，销售人员只要洗耳恭听，他就会笑容满面，高兴得不得了。在这种情况下，当对方关住话匣子时，紧接着很可能说："就这么决定了，我们签协议吧！"即使签不了合约，他也会很高兴地等待着您的下一次来访。

就一般的交谈内容而言，并非总是包含许多有用的信息。有时，一些普通的话题对你来说可能没有什么实际意义，但是客户的谈兴却很浓。这时，出于对客户的尊重，你应该保持足够的耐心，听客户说下去，切记不要流露出厌烦的神色。

专家统计结果显示，一个人的说话速度大致在每分钟120~180个字之间，而人的大脑思维的反应速度却要快得多，所以在现实中你往往会遇到这种情况，很可能客户还没有将话说完，或者客户只是说出了其中的几句话，而你就已知道了他所要表达的意思。那么这时，由于已经了解了对方的意图，因此思想也就随之放松了，这种细微的心理变化在你的外表上又往往会表现为一些心不在焉的下意识动作和神情，以至于对客户接下来的言语充耳不闻。而当客户突然问你一些问题和请教你的见解时，如果你一愣神，或者答非所问，客户就会感到十分难堪和不快，觉得自己是在对牛弹琴，从而就会对接下来双方的沟通工作产生不利的影响。

一次，乔·吉拉德向一位客户销售汽车，交易过程十分顺利。当客户正要掏钱付款时，另一位销售人员跟吉拉德谈起昨天的篮球赛，吉拉德就一边跟同事说笑，一边伸手去接车款，不料客户却突然走掉，连车也不买了。乔·吉拉德苦思冥想了一天，就是想不明白其中的原因。于是他就给客户打了一个电话，询问客户突然改变的原因。

客户不高兴地在电话中告诉他："今天下午付款时，我同您谈到了我的小儿子，他刚考上大学，是我们家的骄傲，可是您一点也没有听见，只顾跟您的同事谈篮球赛。"

乔·吉拉德明白了，这次推销失败的根本原因是因为自己没有认真倾听客户的谈话。

销售人员倾听客户谈话时，最常出现的弱点是只摆出倾听客户谈话的样子，内心里迫不及待地等待机会，想要讲他自己的话，完全将倾听这个重要的武器舍弃不用。您听不出客户的意图、听不出客户的期望，您的销售又怎会成功呢？

著名的成功学家卡耐基说过："你即使喜欢果酱，但在钓鱼时，仍然不能用果酱做鱼饵；在这时，即使你讨厌蚯蚓，也得用它，因为鱼喜欢才会上钩。"这话虽然有些实用主义的味道，然而，用它来说明说话者与倾听者的关系，不失为一个生动的比喻。作为销售人员尤其应该注意这一点。

当客户向你发表一些自己的观点时，如果你只是毫无表情地保持缄默，或者心不在焉，那就会令顾客感到非常尴尬。相反，如果你能够表现出你时刻都在耐心倾听对方的讲述，就能够在无形中满足对方的自尊心，并有助于加深彼此间的感情，为推销的成功创造和谐融洽的环境和气氛。

罗阳是一位推销员，但他的听力很糟糕，他只能从别人说话的口型来判断对方说话的内容。但让人意想不到的是，正是这种听力上的缺陷反而给罗阳的推销工作带来了很大的帮助。

陈总是一家电子公司的负责人，由于公司业务发展的需要，他打算购买一套计算机系统，这套设备至少需要二三十万美元。由于涉及金额较大，所以他对此也比较慎重，考察了很多家计算机设备商的产品与报价。

罗阳是其中一家计算机公司的推销员，为了赢得这份大合同，他先后在长达半年的时间里跟陈总会谈了几十次，还进行了许多次的电话沟通与产品展示，以及频繁的谈判。可以说，这是一次马拉松式的推销。正是在这场推销中，罗阳逐渐意识到了自己的一个优势，而这个优势正是来自他那糟糕的听力。

原来，每次当他和陈总进行会谈时，由于听力较差，为了听清对方的谈话，他就必须全神贯注地倾听、观察，以此来判别陈总的口型，从而得知对方在说什么。在和陈总洽谈时，他一般都坐到椅子的外缘上，身体也尽量向前倾，这样才能够更好地注意陈总的口型。罗阳的这种不经意的动作与表情，给了陈总这样一种感觉，即对方在非常耐心、非常认真地倾听自己的讲话，他对自己说的话很感兴趣，也很尊重自己。

由于需要调动全部的注意力来观察陈总的口型，所以罗阳一点儿也不能分心，就是电话铃响或者客户的秘书进来——他的眼睛都始终没离开过陈总的脸，而且即使是在做笔记时，罗阳的眼睛也在看着对方。

就这样，在整个推销过程中，只要和陈总谈话，罗阳都从不分神。这样一来，罗阳的态度就让陈总觉得他是这个世界上最重要的人，从而强烈地满足了他的自尊心。可想而知，最终罗阳和他达成了交易。

在签完合同后，罗阳就下决心要改善一下自己的听力。于是他就去配了一套助听器。当他戴上助听器，再一次去拜访陈总时，情况却发生了变化。

当他和陈总在办公室交谈时，由于戴上了助听器，所以不需要再坐到椅子边上，身体也不必向前倾了，他就靠在椅子背上，拿出笔记本问道："这批设备怎么样？"陈总开始讲计算机的工作情况，突然秘书进来了。不自觉地，罗阳一边听陈总讲话，一边不时地向秘书那边看去，因为他再也不用专注地盯着陈总的脸，就能听见他在说什么。

十几分钟之后，陈总的话突然停了下来，罗阳当时正在一边听他说话，一边望着窗外的风景。

"罗阳！"陈总提高嗓门叫着。

"什么事？"罗阳一边回答，一边收回视线看着他。

"我要你把那助听器取下来。"

"把什么取下来，陈总？"罗阳不解地问。

"你的助听器。"

罗阳一脸疑惑："为什么？"

"因为我觉得现在你对我一点儿都不在乎了。我更喜欢以前的你，那时的你让我感到受重视。而现在，我说话时你东张西望，好像眼里根本没有我。我知道你不会那样对我，但我还是请你取下助听器。"

罗阳突然明白了问题的所在，就取下助听器，像以前一样，全神贯注地听他讲话。陈总的脸上又重新露出了满意的笑容。

销售人员在推销的过程中，谈话是在传递信息，听别人谈话是在接受信息，作为推销中的一方，即使在听的时候，也是主动的。听人讲话，并非只是简单地用耳朵就行了，还需要积极地做出回应。这不仅是出于礼貌，而是在调节谈话内容和洽谈气氛。

因此，听客户谈话应像自己谈话那样，始终保持饱满的精神状态，专心致志地注视着客户。当然，如果你确实觉得客户讲得淡而无味、浪费时间的话，你可以巧妙地提一些你感兴趣的问题，不露痕迹地转移对方的话题。绝不能随便打断客户的话，应当让他心平气和地讲完，即使他的意见对我们没有任何的帮助，或不符合实际的情况，也要认真地听他讲完。

倾听是一种礼貌，是一种尊敬讲话者的表现，是对讲话者的一种高度的赞美，更是对讲话者最好的恭维。倾听能使对方喜欢你，信赖你。

每个人都希望获得别人的尊重，受到别人的重视。当我们专心致志地听对方讲，努力地听，甚至是全神贯注地听时，对方一定会有一种被尊重和重视的感觉，双方之间的距离必然会拉近。

倾听，是销售的好方法之一。日本销售大王原一平说："对销售而言，善听比善辩更重要。"出色的销售人员往往善于聆听客户的抱怨、异议和投诉，善于倾听客户的需要、渴望和理想，善于听出客户没说出来的需求。为了达到良好的沟通效果，销售人员就必须不断修炼倾听的技巧。

倾听是一种需要不断修炼的艺术，为了达到良好的沟通效果，销售人员就必须不断修炼倾听的技巧，专家建议销售人员可以通过以下6种方法来提高倾听能力。

1. 集中精力，专心倾听

集中精力，专心倾听是有效倾听的基础，也是实现良好沟通的关键。要想做到这一点，销售人员应该在与客户沟通之前做好多方面的准备，如身体准备、心理准备、态度准备以及情绪准备等。

疲惫的身体、无精打采的神态以及消极的情绪等都可能使倾听归于失败。把可以用来信手涂鸦或随手把玩等使人分心的东西放在一边，您就可以免于分心了。

2. 不要随意打断客户的谈话

随意打断客户谈话会打击客户说话的热情和积极性，如果客户当时的情绪不佳，而你又打断了他的谈话，那无疑是火上浇油。所以，当客户的谈话热情高涨时，销售人员可以给予必要的、简单的回应。除此之外，销售人员最好不要随意打断客户的谈话。

李明："王经理，通过观察你们厂的情况，我发现你们自己维修所花的费用比请我们进行维修还要多，是这样吗？"

王经理："我也认为这样不太划算，我承认你们的服务不错，但你们毕竟缺乏电子方面的……"

李明："对不起，王经理，请允许我插一句……有一点我想说明一下，任何人都不是天才，修理汽车需要特殊的设备和材料，比如真空泵、钻孔机、曲轴……"

王经理："是的，不过，你误解了我的意思，我想说的是……"

李明："我明白您的意思。就算您的手下绝顶聪明，也不能在没有专用设备的条件下干出高水平的活来……"

王经理："但你还没有弄清我的意思，现在我们负责维修的人是……"

李明："现在等一下，先生，只等一分钟，我只说一句话，如果您认为……"

王经理："你现在可以走了。"

故事中推销员李明几次打断王经理的讲话，犯了推销中的一大禁忌。如果采用上述这种对话方式，推销的结果必定是失败的。

3. 谨慎反驳客户观点

客户在谈话过程中表达的某些观点可能有失偏颇，也可能不符合你的口味，但是你要记住：客户永远都是上帝，他们很少愿意销售人员直接批评或反驳他们的观点。如果你实在难以对客户的观点做出积极反应，那可以采取提问等方式改变客户谈话的重点，引导客户谈论更能促进销售的话题。

4. 销售人员要善于及时总结和归纳客户的观点

总结和归纳客户的观点，一方面可以向客户传达你一直在认真倾听的信息，另一方面也有助于保证你没有误解或歪曲客户的意见，从而使你更有效地找到解决问题的方法。

5. 检查您的理解力

检查自己是否听得真切，并且已正确地理解了客户的信息，可以按如下做：将自己听到的内容用自己的话复述一遍，就可以肯定是否已准确无误地接收了信息。另外，你还可以通过询问，检查自己对信息的理解，也能使说话者知道您在积极主动地聆听。

6. 销售人员要善于站在客户的立场看问题

每个人都有他的立场，因此，作为销售人员的你必须站在客户的立场，仔细地倾听他所说的每一句话，不要用自己的主观臆断去指责或评断客户的想法，要与客户方保持共同理解的态度，这样你与客户之间的关系才能变得融洽。

巧妙提问，教会你如何"得寸进尺"

　　巧妙提问是推销人员常用的一种必不可少的手段。销售人员在与客户的沟通中，一个好的提问有可能会促成一笔交易的达成，同样，一个不当的提问也很可能会葬送一笔即将要成交的买卖。因此，在向客户提出问题时，必须要慎之又慎。不可否认，提问是一门艺术，销售人员如果掌握了提问的技巧，就能在销售过程中左右逢源，得心应手。

　　提问是推销人员在推销沟通中经常运用的一种语言表达方法，销售人员通过巧妙而适当的提问，可以弄清客户的需要，把握客户的心理状态；可以准确地表达自己的思想，传递信息；可以在出现冷场或僵局时，打破沉默，可见，提问是推进和促成交易的有效工具，它决定着谈话、辩论或论证的方向。

　　销售过程中，客户对产品的异议有可能是多方面的，他并不能立即明白地说出他的疑问。这时销售人员应正确地采用提问的方法，找到问题的关键所在，然后迎刃而解。

　　销售孕育在问题当中。所以，销售人员要想创造出有利于销售的良好氛围，关键就在于使用有分量的问题来发现事实。只要通过提问，弄清楚了客户的问题所在，销售方法就变得非常简单。当然，只有那些经过销售人员精心设计的问题，才能收到这一良好的效果。因此，在设计问题时，应该将顾客的信息、需求和关心点都引导出来。

当你弄清楚了顾客的真正需求，切中他们的关心点，就能简单地与客户成交了。

在销售中，销售人员不要一味地只想将产品卖出去，这样很容易引起客户的反感。而如果要让客户明白自身的需求，再进行销售，这样成功的概率就会大大提升。此时，销售人员要善于运用合理的提问使该目标得以实现。那么，在销售过程中，常用的提问方式有哪几种呢？

1. 主动式提问

主动式提问是指销售人员在销售过程中，通过自己的判断，将自己想要表达的主要意思以提问的方式说出来。一般情况下，客户对这些问题都会给予一个明确的答复。

例如，有一家玩具店的销售员问："现在的玩具不仅要好玩，还有对孩子的智力有一定的开发作用，是吧？"客户回答："是的。"推销员又问："为了开发孩子的智力，在孩子玩的同时开发孩子的智力，这种既能玩又能开发孩子智力的玩具您愿意让您的孩子用吗？"客户："愿意。"

2. 指向性提问

指向性提问的提问方式通常是以谁、什么、何处、为什么等为疑问词，主要用来向客户了解一些基本事实和情况，为后面的说服工作寻找突破口。例如："你现在使用的产品是在哪里购买的？你们家谁在购买保险。"

指向性提问的目的十分清楚，也比较容易做出回答。通常用来了解一些简单的、宜于公开的信息，不适合用来了解个人情况及较深层次的信息。需要注意的是，在使用这类问题时要表现出对客户的关心，语气不可太生硬。

3. 反射性提问

反射性提问又称重复性提问，也就是销售人员以问话的形式重复客户的语言或观点。

这类问题的好处在于，第一，它具有检验的作用，即能够用来检验推销员是否真正理解了客户的观点。如果理解有误，客户就会当场指出。第二，鼓励客户以合乎逻辑的方式继续表明观点。第三，它还可以使销售人员对客户的言谈做出适当的反应，可以避免直接向对方表示肯定或否定。第四，这类问题还可以用来减弱客户的气愤、厌烦等情绪化行为。销售人员以问话形式重复客户的抱怨，让客户感到他们的意见已受到重视，其抵触性情绪也就会减弱。

4. 细节性提问

细节性提问的作用是为了促使客户进一步表明观点、说明情况。但与其他提问方式不同的是，细节性问题直接向客户提出请求，请其说明细节性问题。

例如："您使用的这款产品您觉得好在哪里，不好又在哪里？""请告诉我更详细的情况，好吗？"

5. 评价性提问

评价性提问方法是用来向客户了解对某一问题的看法，而且这类问题一般都没有固定的答案。

例如："您觉得这种颜色怎么样？""您觉得哪种保险更适合您？"

评价性提问通常用于指向性问题之后，用来进一步挖掘相关的信息。在很多情况下，客户很可能不愿意对某个问题发表意见。这时，销售人员就应该使用间接评价性的问题。间接评价性问题要求客户对第三者的观点做出评价。

6. 协商性提问

协商性提问也就是以征求对方意见的形式提问，诱导对方进行合作性的回答。这种方式，对方比较容易接受。即使有不同意见，也能保持融洽的关系，双方仍可进一步洽谈下去。如销售人员对客户说："您看是不是明天选货？"

7. 损害性提问

损害性提问的目的是要求客户说出目前所使用的产品存在哪些问题，最后再说服客户来使用你的产品。

例如，一位复印机推销员问潜在客户："听说你们现在使用的这种复印机复印效果不太好，字迹常常模糊，是吗？"

显然，这类问题极具攻击性，如果使用不当，也会引起客户的反感。所以，在提出这类问题的时候，一定要注意措辞和语气的委婉，并要考虑客户的承受能力。

8. 结论性提问

结论性提问是根据客户的观点或存在的问题，推导出相应的结论或指出问题的后果，诱发出客户对产品的需求。这类提问通常使用在评价性问题和损害性问题之后。

例如，复印机推销员在客户对损害性问题肯定之后，可以接着使用结论性问题："用这样的复印机复印广告宣传材料，会不会影响宣传效果？"

9. 求教性提问

求教性提问是用婉转的语气，以请教问题的形式提问。这种提问的方式是在不了解对方意图的情况下，先虚设一问，投石问路，以避免遭到对方拒绝而出现难堪局面，同时又能探出对方的虚实。比如说销售人员打算提出成交，但不知道对方是否会同意，于是就可以试探地问："这种商品的质量不错吧？您能评价一下吗？"如果对方有购买的意向，自然会给予评价；如果不满意，也不会断然拒绝，使双方难堪。

销售人员通过有效的提问，能够引起客户的注意，从而也让你的产品在对方心中留下强烈的印象。总之，方法多种多样，要灵活运用。

在销售中，销售人员只有懂得巧妙地提出问题，才能将与客户之间的谈话导向自己所希望的那种结果。因为说服的艺术并不在于你来我往地各抒己见，而是隐藏于一问一答的过程之中。提出相应的问题，可以引导客户去仔细地思考，然后说出他的意见与看法。

在此交谈中，销售人员不必太在意自己的问题是否合理，所应秉持的原则是与客户共同寻求解决问题的答案。通过提问，销售人员可以得到很多意想不到的收获。

销售人员巧妙发问，可以逐步引导客户做出购买的决定，甚至建立起真正的友谊。巧妙提问不仅可以得到好处，而且也是非常有必要的，因为它是推销的一种必不可少的手段。

乔·库尔曼是一位优秀的销售人员，在销售中，他善于用巧妙的言辞打动顾客，用提问的方式引导顾客是他最常用的一种销售方式。

一次，乔·库尔曼的朋友告诉他，一位制造商博斯先生正在咨询人寿保险的价钱，全额高达25万美元，此外还有几位大公司的领导也打算购买。朋友问他是否有兴趣。

乔·库尔曼兴奋地回答道："当然有了，这可是一笔不小的订单。"随后，库尔曼立即预约双方见面的时间。与此同时，他也开始详细地制作行动方案。他知道这笔订单也许不容易拿下，因此，他经过周密的思考，决定使用他在销售中最常用的销售方式——提问法，并准备了一系列的问题，以弄清楚博斯先生究竟想要什么。

库尔曼花费了很长时间，设计了14个问题，并按照提问的先后顺序排列好。他在销售中始终相信，销售人员的连续提问，会让顾客有一种是他自己在做决定的感觉。

按照约定的时间，库尔曼前往约定的地点。在路上，他突然有了一个想法，决定冒一回险。于是，库尔曼先给当地最大的体检中心打了电话，请他们为博斯先生安排一次体检，时间定在上午11：30。然后他才来到博斯先生的办公室。

"您好，博斯先生。"

"你好，库尔曼先生。"

接着，博斯先生指了指桌上的一堆文件，说："关于你的推销，我想你是在浪费时间。昨天我已经派人将我的寿险计划送给所有的大保险公司了。这些大保险公司中有三个是我的朋友开的，还有一个是我的至交，我们每个周末都在一起打高尔夫球，而且他们公司的业绩也相当不错。"

没等库尔曼说话，博斯先生继续说道："情况就是这样。如果你非要向我销售，你可以按我的年龄，46岁，25万美元的金额，做一个方案寄给我。我会将所有的方案进行比较后再做决定。如果你的方案又好又便宜，那这个订单就是你的。不过，我认为你是在浪费你我的时间。"

对于博斯先生的拒绝，库尔曼没有丝毫在意，他只是诚恳地对博斯先生说："如果您是我的亲兄弟，我就跟您说实话。"

"请说。"

"我从事保险行业已经有很多年了。如果您是我的亲兄弟，我就会告诉您，赶快把那些所谓的方案扔掉。"

"为什么呢？"博斯不解地问。

"是这样的。首先，要完全正确地解释那些方案，必须是一名合格的保险统计员才能做到的。而要成为一名合格的保险统计员，需要七年的时间。其次，您选择的都是在业内很有名气的公司，也可能是价格最便宜的公司。那么，您该怎么选呢？是闭着眼睛随便选一份，还是经过深思熟虑后再做出决定？其实，不管您怎么选，结果基本上都是相同的。再次，我的工作就是帮助您做出最后的选择。为此，我必须问您一些问题，您看怎么样？"

"可以！你问吧。"

"您健在时，那些保险可以让您信任，但您在百年之后，您的公司还会信任他们吗？"

"不错，是这样的。"

"那么最重要的事，是不是把您的风险转移到保险公司那一方呢？比如，您半夜醒来，突然想起大片作物的火险昨天到期了，您还睡得着吗？第二天要做的第一件事，是不是立刻打电话给保险经纪人，让他续单以保护它们呢？"

"当然！人的安全比作物更重要。庄稼尚且如此，何况是人呢？给自己买一份保险是不是就更加重要？您不觉得应该把风险降到最低吗？"

"这倒没想过，但可能性很大。"

"如果您还没有买保险，是不是会损失一大笔钱，同时也会使您生意上的收益受到损害，是不是？"

"为什么会这么说？"

"在与你见面的路上，我约好了当地最有名的医生，他的体检证明每个保险公司都承认。可以说，只有他的体检证明才适用于25万美元的保单。他的设备又齐全又先进，您尽可以放心。"

"别的保险代理做不了这些吗？"

"今天上午他们恐怕是不行了。博斯先生，这次体检很重要，您不能大意。我们可以设想一下，您现在给他们打电话，他们下午为您安排体检。首先，他们会找一个普通的医生，很可能是他们的朋友。检查结果最快在当晚就能寄出，主管医生在第二天早晨才能看到。如果他发现要冒25万美元的风险，必然会安排第二次体检。这样的话，时间将一天天被拖延。这样拖下去，您想一下，您会有怎样的损失？要知道，未来是不可知的，什么都有可能发生。"

"哦，那我再考虑一下。"

"假设明天早晨您突然感冒，嗓子发痛，咳嗽不止，因此躺了一周。当您恢复健康了，再去做那艰苦的体检时，保险公司可能会说，博斯先生，看到您恢复健康，我们非常高兴，但考虑到您的感冒，我们可能要附加一个小小的要求，就是再观察您三四个月，以确认那是急性的还是慢性的。您看，时间就这么一直拖延下去，会耽误您很多事情。这样一来，您的损失由谁来承担呢？"

"博斯先生，现在是上午11：10，如果现在动身，还能赶上我与医生的预约。您看上去气色很好，要是体检也没什么问题，您的保险将在48小时后生效。我相信您的感觉一定不错。"

"当然，感觉是好极了！"

"库尔曼先生，您打算为谁做保险代理？"

"当然是您啦！"

博斯先生想了一下，说："走吧，小伙子！"

当然，体检很顺利。后来，库尔曼与博斯先生成了很好的朋友。

库尔曼先生的成功销售告诉人们，销售人员提出的问题，要能发现顾客的购买意图以及怎样让他们从购买的产品中得到他们需要的利益，从而就能针对顾客的需要为他们提供恰当的服务，使买卖顺利成交。同时，更主要的是，提出的问题可以让顾客对你提供的产品和服务产生信任。道理很简单，如果由销售人员直接告诉顾客有关产品的信息，他们往往会产生怀疑的心理，而让他们自己说出来，就会产生不一样的效果。

销售人员在与客户面谈前，要做好充分的准备，其中仔细准备向客户提出的问题是重要的一环。为了使交易继续下去，销售人员应仔细考虑并制订出一个周密的计划。

事实上，销售人员不需要准备很多的问题。正如美国广播公司的播音员和采访专家特德·考培尔说："在人部分时间里，如果你开始幽默地向人们提出一个问题，结束时他们会告诉你非常有趣的东西。"

随着会谈的进展，销售人员的问题应集中于确定客户的真实需求，目前的问题或损失，以及购买你的产品后他将获得什么。在这个交易阶段，重要的是尽可能地让顾客深入地思考。

在进入建议阶段时，更应多提出问题让客户考虑并说出他目前行动的结果和你的想法的效用。

没人比客户自己更了解他对所期待结果的观点和概念，关键的推销战略是让顾客用自己的话把他的想法给你解释一下。

当然，提出错误的问题可能会使顾客与你停止交谈。这就出现了一个问题：该问什么样的问题呢？

在销售沟通中，向客户提出什么问题，主要在于提问者的目的。毫无目的的提问，在沟通中也是毫无意义的。因此，在提出问题时要注意：

第一，提出的问题要能引起客户的注意，并能诱导对方的思考方向。而要引起客户的注意，所提出的问题必须有一定的分量；要诱导客户的思考方向，所提出的问题必须要有一定的计划性。

第二，提出的问题要能获得自己所需要的信息与反馈，即问什么，一定要有针对性，并做到具体明确，这样才可能得到客户明确的回答。同时，在措辞上一定要慎重，不能刺伤客户、为难客户，更不要引起客户的焦虑与担心。

第三，要更好地发挥提问的作用，提问之前的思考、准备是十分必要的。只有经过仔细周密的计划，你提出的问题才能击中客户的要害，也才能得到你想要的答案。

充分赞美，肯定付出

喜欢听好话、受赞美是人的天性之一。每个人都会对来自外界的赞美，而得到自尊心和荣誉感的满足。而当我们听到别人对自己的赞赏，并感到愉悦和鼓舞时，不免会对说话者产生亲切感，从而使彼此之间的心理距离缩短、靠近。销售人员与顾客之间的融洽关系就是从这里开始的。

人性中最根深蒂固的本性是想得到他人的赞赏。人之所以区别于动物，也正是因为有这种欲望的存在。无论是谁，对待赞美之词都不会不开心。可以说，喜欢被人赞美和恭维，是每个人都有的一种心理。虽然有人将赞美视为拍马屁，但无论如何，赞美的话听起来总是令人欢喜。每个人都喜欢听好话，客户也不例外。因此，赞美就成为了销售人员接近顾客的好方法。

人人都有虚荣心，没有人不喜欢奉承。有人说，这个世界上最美妙动听的语言就是奉承话，很多客户也都是因为被这些奉承的话打动了才购买了销售人员的产品。在这个世界上，没有谁愿意受人批评。销售人员每天都要与不同的客户打交道，所以，要适时地赞美一下你的客户，这样客户才会高兴，销售也才能成功。但恭维的话不能说得太多，否则会给人一种虚伪造作的感觉。因为，销售人员不是只靠耍嘴皮子，赞美也要发自内心，这样才能赢得客户的心，令客户信服。

每个人都渴望受到赞美，当然我们的客户也不例外，所以赞美也就成了销售人员接近客户的最好方法之一。

著名的心理学家威廉·詹姆士说过："人类最殷切的需求是渴望被人肯定，最深远的驱动力是希望具有重要性。"在销售的过程中，销售人员千万不要吝啬自己的赞美，多赞美一下自己的客户，让客户的自尊心和荣誉感得到满足，这样，你就能够轻松地赢得客户的好感，缩短彼此之间的距离，营造融洽的沟通氛围，然后再将自己的产品理念一点点地渗透给客户，从而促使你与客户之间销售的成功。

乔治·伊斯曼是世界上最有名望的商人之一，他发明了感光胶卷，从而使电影的出现成为了可能。当然，这也为他积累了一笔丰厚的财产。

在曼彻斯特，伊斯曼建造了一所音乐学校，并用自己的名字命名，成为伊斯曼音乐学校。他还盖了一个戏院，以纪念自己的母亲。当时，一家高级座椅公司的总裁亚当斯想得到这两幢大楼的座椅订货生意。于是，他与负责大楼工程的建筑师通了电话，约定拜见伊斯曼先生。

在亚当斯会见伊斯曼之前，那位好心的建筑师向提醒他说："虽然我知道你很想争取到这笔生意。但我还是要告诉你，要是你占用的时间超过了5分钟，那你就一点希望也没有了。他是说到做到的，他工作很忙，因此，你必须要在最短的时间内将自己的意图向他表明。"

亚当斯进入伊斯曼的办公室时，伊斯曼正在处理文件，他不便打扰，于是就在房间的沙发上坐了下来。

过了一会儿，伊斯曼处理完了文件，建筑师为他们彼此做了引见，然后，亚当斯就满脸诚恳地说："伊斯曼先生，在恭候您的时候，我一直很羡慕您的办公室，假如我能有一间您这样的办公室，那么即使工作辛苦一点我也无所谓。我从事的业务是房子内部的木建工作，但像你这样漂亮的办公室我还是第一次见到。"

伊斯曼回答说："您提醒我记起了一样差点儿已经遗忘的东西，这间办公室很漂亮，是吧？当初刚建好的时候我对它也是极为欣赏。可如今，我每次来到这时总是盘算着许多别的事情，有时候甚至一连几个星期都顾不上好好地看它一眼。"

亚当斯走过去，像抚摸一件心爱之物那样，用手来回抚摸着一块镶板，"这是英国的栎木做的，对吗？英国栎木的组织和意大利栎木的组织有点儿不同。"

伊斯曼道："是的，这是从英国进口的栎木，是一位专门同细木工打交道的朋友为我挑选的。"接下来，伊斯曼带亚当斯参观了房子的每一个角落，他把自己参与设计与监造的部分一一指给亚当斯看。他还打开一只带锁的箱子，从里面拉出他的第一卷胶片，向亚当斯讲述他早年创业时的奋斗历程。

伊斯曼情真意切地说到了孩提时家中一贫如洗的惨状，说到了母亲的辛劳，说到了那时想挣大钱的愿望，讲到了怎样没日没夜地在办公室搞实验，等等。

"我最后一次去日本的时候买了几把椅子运回家中，放在我的玻璃日光室里。但阳光的照射很快就让它们褪了色，后来我自己动手把那几把椅子重新油漆了一遍。你想看看我的活儿干得怎么样吗？那就到我家去吧，我们共进午餐后我给你看。"当伊斯曼说这话时，他们已经谈了很长时间。

午餐过后，伊斯曼先生给亚当斯看了那几把椅子，每把椅子的价值最多只有1到5美元，但伊斯曼却为它们感到自豪，因为这是他亲自动手油漆的。对伊斯曼如此引以为荣的东西，亚当斯自然是大加赞赏。

在离开伊斯曼家时，亚当斯获得了那两幢楼的座椅生意。要想做成生意，就要学会逢迎对方的虚荣心，多说奉承话，让客户心情愉快。在这种友好、和谐、轻松的谈话环境下，客户就会渐渐放松原先的戒备心态，对你所讲的话题感兴趣，也愿意和你交谈下去，在这种情况下，交易成功的概率就会很大。

一些成功的销售人员在谈生意有一个很重要的诀窍，那就是谈论对方最引以为荣的事情。的确，要想成为一名出色的销售人员，一定要透彻地了解人的心理，找出客户自认为骄傲的东西，当面告诉他们，你也很欣赏，这样，就很容易得到客户的好感。美国商界奇才鲍罗齐曾说："赞美顾客比赞美你的商品更重要，因为让你的顾客高兴，你就等于成功了一半。"从通俗意义上讲，销售绝不仅仅只是金钱上的来往，它更是人与人之间感情的交流。因此，在销售中多给客户一些赞美，往往对你业绩的提升大有裨益。

美国的图书推销高手比恩·崔西曾说："我能让任何人买我的图书。"其实，他的推销秘诀只有一个，那就是善于赞美顾客。

一次，崔西出去推销图书，遇到了一位非常有气质的女士。那时，崔西刚开始在销售中运用赞美这个方式。当那位女士听了崔西的介绍后，马上冷淡地说："我知道你们这些推销员很会奉承人，专挑好听的说，不过，我是不会听你的鬼话的，你还是别再浪费时间了。"

崔西微笑着说："是的，您说得很对，推销员是专挑那些好听的词来讲，说得别人昏头昏脑的，像您这样的顾客我还是很少遇到，我感觉您特别有自己的主见。"

这时，细心的崔西发现，女士的脸已由阴转晴了。接下来，她问了崔西很多问题，崔西都一一做了回答。最后，崔西又开始赞美道："您的形象给了您很高贵的气质，您的语言反映了您有着敏锐的头脑，而您的冷静又衬出了您的个性。"

女士听崔西的赞美，开心地笑出声来，很爽快地买了一套图书。接下来的一段时间里，她又在崔西那里购买了几百套的图书。

随着推销图书经验的日渐丰富，崔西总结了一条人性定律：没有人不爱被赞美，只有不会赞美别人的人。

一天，崔西到一家公司推销图书，办公室里的员工选了很多书，正准备付钱时，忽然进来了一个人，大声说道："这种书到处都有，你们买它干什么？简直是在浪费钱。"

崔西正准备向他露一个笑脸，他便冷冷地对崔西说："你别跟我推销，我一定不会要。"

崔西微笑着，不紧不慢地对他说道："您说得非常对，您怎么会要这些书呢？我一看就知道您读过很多书，很有文化素养和气质，要是您有弟弟或者妹妹，他们一定会很尊重您，并为有您这样的哥哥而感到自豪。"

"你怎么知道我有弟弟、妹妹的？"那位先生一下子来了兴趣。

崔西说："当我看到您时，您给我的感觉就有一种大哥的风范，我想，谁要是有您这样的哥哥，谁就真的是很幸运的人！"

接下来，崔西和那个人进行了气氛友好的谈话，两人聊了十多分钟。最后，那位先生以支持崔西这位兄弟工作为由，为他自己的弟弟、妹妹选购了五套书。

赞美客户固然可以拉近彼此的距离，使销售变得容易些，但值得注意的是，客户虽然喜欢赞美和恭维，但是却并不喜欢露骨的溜须拍马，当你夸奖的事连客户自己都认为不现实时，就会遭到客户的反感，认为你这个人圆滑、虚伪，从而不愿意购买你推销的产品。

因此，销售人员在赞美客户时，赞美的话说得要巧妙，不要那么直白，要恰到好处，不过分夸张，要发现客户最引以为自豪的地方并给予适当地赞美，使对方听后感到合乎心意，这样，被恭维的人才会欣然接受。而在现实生活中，许多销售人员有时说话不经过大脑，他们到客户那里去销售产品，本来是想恭维客户，但说出来的话却让客户大为恼火，这样客户肯定是不会购买你的产品的。

由此可见，销售人员在赞美客户时，赞美的话一定要说到点子上，否则会起到相反的效果。另外，值得注意的是，赞美客户时，不一定非要赞美客户本人。奥地利心理学家贝维尔博士曾说过："如果你想赞美一个人，而又找不到他有什么值得称赞的地方的话，那么你可以赞美他的亲人或者和他有关的一些事物。"所谓爱屋及乌，赞美客户的家人或者客户的衣服等，依然可以博得客户的欢心，但前提是赞美的事情必须确认属实，而不是凭空捏造的。

总之，作为销售人员要记住，人是感性左右理性的动物。如果一个人的感性被真正地调动了，那么，他想拒绝你，比接受你还要困难。而你要想迅速控制一个人的感性，最有效和快捷的方法就是恰如其分的赞美。正确地运用赞美之道，不仅能缩短你与客户之间的距离，还会让你的销售变得畅通无阻。

那么，销售人员应如何学会赞美呢？

世界上最成功的商人之一、美国亿万富翁德士特·耶格有曾这样建议：你只需要练习向别人说你自己喜欢从别人那里听到的事情。当他们出色地做到某件事情后，你能够祝贺他们。你懂得告诉他们，你是多么欣赏他们所做出来的贡献。当他们看起来很不错或者对你说了有价值的东西时，要告诉他们你的想法。

另外，使用赞美时，你要尽可能地慷慨大方，记住时刻注意那些可以称赞的人和可以称赞的事物就可以了。

当然，一个人学会赞美也许并不是一件困难的事，但困难的是如何掌握赞美的技巧，如果技巧不当，就会出现让客户厌烦的情绪。下面是关于赞美的几种技巧，你不妨可以参考一下。

1. 赞美要显得自然而诚恳

拍马屁不叫赞美，因为那种奉承不是发自内心的话。如果你经常说一些违心的称赞，那么，当你真的要严肃时，人们就很难再相信你了。有很多事情值得你去真诚地赞扬，没有必要说那些不真心的话。

一位先生听说，外国人非常喜欢他人的赞美，特别是外国的女人，最爱听人们夸她们漂亮。后来，他出国了，就试着去赞美别人，效果不错。

一天，他去超市，迎面走来一位很胖的妇女。他习惯地说："嗨，女士，你真漂亮！"

不料那位妇女白了他一眼，不满地说："先生，你是不是离家太久了？"

赞美实际是向对方表示一种肯定、理解、欣赏和羡慕。对方从你的话中领会到的就是这些。如果赞美不当，就如隔靴搔痒，起不到什么作用。如果不是真心的，赞美过火，可能会让人反感，觉得你是在拍马屁。

所以，诚恳的态度是关键。只有态度诚恳，我们的赞美才能显得自然，别人才会对我们的赞美感兴趣，我们才能获得理想的效果。

2. 赞美的对象要具体

当你赞美的对象是针对某一件事或某一方面时，赞美就更具有力量。称赞得越广泛越庞杂，赞美的力量也就越弱。

一天，化妆品推销高手玫琳·凯与朋友一起到成衣店里去逛，听到了旁边有一对女孩子在说话。两位女孩一位是金发，一位是黑发。金发女孩买了一件新衣服，穿起来很好看，黑发女孩赞她说："刚才你放下的那件衣服，扣子挺漂亮的。"金发女孩突然有点生气："那是什么破衣服，扣子难看死了，看看这个。"

这时，玫琳·凯和朋友走了过去。玫琳·凯面带笑容对金发女孩说："这件衣服的领子很漂亮，衬得你的脖子像高贵的公主一样有气质，要是再配上一条项链，那就简直完美极了。"金发女孩很高兴，因为她也是这么想的。她骂黑发女孩没有欣赏眼光，黑发女孩不服气："我也是这么觉得的，只不过没说出来罢了。"

玫琳·凯又对黑发女孩说："其实你可以试一下这件，它特别能衬托出你优美的身材。"黑发女孩听后也高兴起来了。"当然，要是你们的脸上肤色再稍为用护理一下，会显得气质更加优雅。"三人就开始聊起了美容化妆的话题，这是玫琳·凯最擅长和最希望的。

后来，两人都成了她的忠实顾客。

因此，赞扬别人时，要针对具体的某一件事或某一个方面，而不要泛泛地去赞美。

3. 掌握赞美的"快乐习惯"

每一次赞美别人时，不但对方感到快乐，同时也会使你获得满足。这里有一个人性规律：如果你不能为任何人增加快乐，那么，你就不能为自己增加快乐！因此，每天至少赞美三个人，那么，你将感受到自己的快乐指数也在不断上升。

把赞美当作是一个快乐游戏吧！经常留意那些可以赞美的好事，它是会增强你的积极心态的。你会越来越惊喜地发现，自己周围有许多以前从没有注意到的快乐！

赞美别人是一个人际关系的技巧，赞美别人更是一个使你快乐的习惯！

4. 赞美，要挠到对方的痒处

日本顶尖业务员齐藤竹之助说："想轻易地发现每个人身上最普遍的弱点，是很简单的事情，因为只要你观察他们最爱谈的话题便可以知道。因为言为心声，全心全意，心中最希望的，也就是他们嘴里谈得最多的。你就在这些地方去挠他，一定能挠到他的痒处。"

丽萍是一个化妆品推销员，一次她上门去推销，女主人非常客气地拒绝了她："对不起，我现在没有钱，等我有钱了再买吧！"

但细心的丽萍看到了女主人怀里抱着一条名贵的狗，知道"没有钱购买"只是她拒绝自己的一句托词。于是，她微笑着说："您这小狗真可爱，一看就知道是很名贵的狗。"

"没错呀！"

"那您一定在这个狗宝宝身上花了不少的钱和精力吧？"

"对呀，对呀。"女主人开始很高兴地为丽萍介绍她为这条狗所花费的钱和精力。

丽萍非常专心地听着女主人兴奋的介绍，在一个非常适当的时机，她插了话："那是肯定的，能够为名贵的狗花费足够的钱和精力的人，一定不是普通阶层。就像这些化妆品，价钱比较贵，所以也不是一般人可以使用得上的，只有那些高收入、高档次的女士，才享用得起。"

女主人听后，很高兴地买下了一套化妆品。

当我们的赞美正合对方心意时，会加倍成就他们自信的感觉。这的确是感化人的有效方法。换句话说，能挠到对方的痒处的赞美，对你的销售成功作用最大。

5. 赞美要掌握一定的火候

赞美如煲汤，火候是关键。赞美对方恰如其分，恰到好处，会让对方感到很舒服；但赞美的多了，会过犹不及，使得赞美没有新鲜感，让对方感到厌烦。

真正的赞美大师，非常懂得在赞美时控制好火候，将强弱分寸都拿捏得很得当，张驰有度，收发自如。物以稀为贵，就像一道人间美味，如果你给对方一些品尝品尝，他会觉得味道美得难忘。但是，给多了，让他吃撑了，他也会难忘，只不过是想吐的难忘。所以，销售人员在赞美客户时，一定要掌握火候。

第五章

修炼心理，
积极务实成交

瞬间成交技巧二十五

坚定的行动力，大订单成真

一个人只有认定了目标，不管这个目标的实现是简单的还是困难，总是全力以赴地为实现它去努力，就一定会取得好的业绩。很多颇具实战经验的销售能手，他们遇到的挫折也许比其他推销员还要多，但他们却能创造出比别人更出色的业绩，原因就是不论遇到什么样的挫折，他们都不会放弃。因此，你要想成为一个优秀的销售人员，在面对客户千百次的拒绝后，也不要轻言放弃，因为只有坚持不懈，才可以达成目标。

在销售过程中，如果销售人员被客户拒绝一次，10个人中有5个会选择放弃；被拒绝第二次后，5个人中又少了2个；被拒绝第三次后，就只剩下一个人会做第四次的努力，这时的他已经没有了竞争对手，他无疑就成了最后的胜利者。

有调查结果显示：有80%的客户是在销售人员的第5次拜访之后做出购买的决定的，而80%的销售员拜访客户的次数还没有达到5次时就选择了放弃。潜在的客户在今天看来可能没有购买的需求，但情况时刻在变化着，时间肯定会对你有利。客户今天还不存在的需求，也许明天就变为迫切的需要，所以，销售人员要想将自己的产品销售出去，就要对客户进行多次的拜访。

心理学原理证实，只要销售人员对客户重复足够的次数，就一定能征服客

修炼心理，积极务实成交 /227/

户。我们日常生活中所看的广告能对人的购买产生很大的影响力，就是因为与重复的次数有关。因此，销售人员要牢记：客户的第一次拒绝，并不是真正的拒绝，我们只要坚持不懈，重复足够的次数，就一定能够征服客户。

俗话说："吃得苦中苦，方为人上人。"任何一个销售能手的成功也都是一个从量变到质变的过程，只有当量积累到一定程度时，才能发生质的变化。而这种质的变化的促成就是坚持，因为只有坚持，才可以促成交易的成功。

推销之神原一平刚进入保险业时，为了得到一个客户的签单，他在三年八个月的时间里，在七十次登门拜访都扑空的情况下，最终因为坚持不懈而获得了成功。

那时，原一平在刚刚掌握了客户的个人信息后，就迫不及待地上门推销了。

当原一平敲开客户家的门时，看到一位面目慈祥的老人，原一平猜测这一定是客户的父亲。因为老人在听完他的介绍后，很礼貌地对他说：总经理现在不在家，请改天再来推销吧。"

"那您能不能告诉我，他一般都是什么时间在家？"

"由于公司要处理的事情很多，所以没有固定的时间。"

原一平本来还想打探更多关于客户的个人问题，但老人都以"不太清楚"为由推托了。

就这样，在接下来的三年八个月里，原一平对客户进行了七十次拜访，但每次都扑空了。后来，他在与一个人聊天时，意外地得知那位拒绝他的老人竟然就是他要拜访的总经理。原一平为此非常气愤，并决定要惩罚一下这个老头。

一天，原一平又到总经理家去拜访，没想到在楼下就看到了他正在掏水沟。原一平双手抱在胸前，静静地等他掏完水沟。其间，原一平点燃了一支烟，以此来驱赶心中的郁闷。在缭绕的烟雾中，原一平的怒气渐渐平息下来，总经理也是一脸顽固地继续着他的掏水工作。在他点燃第二支烟时，老头儿已在收拾工具了。原一平掐灭了烟，上前拦住了总经理。

"您好，我是明治保险公司的原一平，请问总经理现在在家吗？"

"真不凑巧，他刚出门还不到二十分钟。"

"没想到，你这么一大把年纪了，撒起谎来竟然可以面不改色！我知道你就是总经理。你买不起保险完全可以光明正大地拒绝，为什么要戏弄我呢？你是在考验我的耐性吗？"

"呵呵，其实从第一天起，我就知道你是来推销保险的。"

"如果我第一天就知道你是总经理，我才不会用三年零八个月的宝贵时间来向一个老人来推销保险！再说了，如果我们公司有你这样瘦弱的客户，可能早就关门歇业了。"

"什么，你竟敢如此轻视我！我难道连投保的资格都没有吗？你马上带我去体检，我要让你知道我完全有资格投保！"

原一平看到自己的话已经激起了总经理的斗志，感觉目的已经达到，心中一阵窃喜。他开始卖起了关子：

"哼，我才不为你一个人枉费心机呢，如果你们全家和全公司都投保的话，我还可以考虑考虑！"

"哼，全家就全家，我们明天就去！"

再刁蛮的客户也有他的软肋，只要你坚持不懈，不轻言放弃，就一定会获得成功。

其实，销售精英与一般销售员并没有太大的区别，只不过是一般销售员走了99步，而销售精英走了100步而已。一般销售员跌下去的次数比销售精英多一次，而销售精英站起来的次数比一般销售员多一次。当你走了1000步时，也有可能遭到挫折，但成功却恰巧正在1000步的后面，如果你不再坚持一步，成功就会与你擦肩而过。

高木是日本著名的推销界人士，写了不少著作。他说："切勿做一个只在山脚下转来转去的毫无登山意志的人。必须尽自己的体力，攀登上去。有此宏愿，即使技术不够，也还是可以最终登上山顶的。"高木刚刚进入推销界时，也是一切都不如意。他每天跑三十几家单位去推销复印机。在第二次世界大战后百废待兴的时期，复印机是一种非常昂贵的新型商品，绝大部分机构都不会购买。大多数机构连大门都不让推销人员进；即使进去了，也很难见到负责人。高木只好设法弄到负责人家的地址，再登门拜访，而对方常常让他吃闭门羹，而且还很冷淡地说："这里不是办公室，不谈公务。你回去吧。"

当他第二次再去拜访时，客户的口气变得更为强硬："你再不走，我就要叫警察了！"

在三个月的时间里，高木一台复印机也没有卖出去。他没有底薪，一切收入都来自交易完成后的提成。没有做成生意，就意味着没有收入，出差在外时住不起旅馆，只好在火车站候车室过夜。但他仍然坚持着。

一天，他打电话回公司，问有没有客户来订购复印机。这种电话他每天都要打，每次得到的都是值班人有气无力的回答："没有。"但这一天，回答的口气不同了："喂，高木先生，有家证券公司有意购买咱们公司的复印机，你赶快和他们联系一下吧。"

这家公司总共购买了8台复印机，总价是108万日元，按利润的60%算，高木可得到19万日元的报酬。这是他的第一次成功。从此以后，时来运转，他的销售业绩直线上升，连他自己都觉得惊讶。半年以后，高木成了公司的最佳销售员。他觉得，自己之所以能够成功，是因为他将整个生命都投入到这个工作中去了。

有一天他到C机电公司去推销，主管很仔细地听完高木的产品介绍，然后说："请你拿一份图纸给我看看。"高木将图纸送过去，新的要求又来了："请你把那些已经使用这种复印机的单位名录给我看一看。"

高木不厌其烦，又整理了一份名录送过去。那人说："麻烦你再帮我算一下成本。"

总之，每一次去对方都有新的要求，就是不提购买的事。高木有求必应。就这样拖了两个月，主管竟然提出："请你们的社长来一次好吗？"

高木不知道他葫芦里卖的什么药，但还是请社长一起去拜访了这位主管。吃饭时，这位主管对社长说："你这位高木先生实在了不起。我工作这么多年，见过很多销售人员，但能完全遵照我的要求办事的，只有他一个人。"从此以后，C机电公司所有购买复印机的业务，一律交给高木办理。

由此可见，成功的人总是得益于自己的坚持不懈。乔·吉拉德曾经说过："成功的人有时候也是被逼出来的。我想大多数人都会承认，他们之所以成功，是因为他们的坚韧不拔，不断追求成功，事实上，坚韧不拔便是成功的保证。"

在现实工作之中，往往有许多销售人员对失败的结论下得太早，当遇到一点小小的挫折时就会对自己的工作产生怀疑，甚至半途而废，将前面的努力白白浪费了。一个人要想成功，就要经得起风雨及种种考验。要时刻牢记，不到最后关头就不要轻言放弃。

在销售的过程中，销售人员最常见的挫折就是遭到客户的拒绝。尤其是对一些上门进行推销的销售人员来说，吃闭门羹是一件很正常的事，但是只有很少的一部分销售人员能用一种平和的心态来看待。

那么，销售人员在面对客户的拒绝时，究竟要具备什么样的心理素质呢？

1. 销售人员在面对客户拒绝时，要积极克服心理的障碍

胆怯、怕被拒绝是销售人员常见的心理障碍。往往表现在：外出拜访怕见客户，不知道应该怎样与客户沟通；不敢给客户打电话，怕被客户拒绝。其实，最完美的成交在于缩短和客户的距离，通过建立良好的关系，消除客户的疑虑。如果你不能与客户主动沟通，那又怎能谈得上成交呢？

2. 在销售人员的字典中，永远不要有"不可能"这三个字

销售人员在销售的过程中，遇到问题只要仔细思考后，就一定能找出解决困难的方法。

3. 面对失败，不要找任何借口为自己开脱

销售人员在销售失败时，总是喜欢为自己不好的业绩找各种借口，同样在一个公司，销售同样的产品，为什么有的人都能够取得很好的业绩，为什么你就不能顺利成交呢？究其原因，就是在找借口。所以，不要找任何借口，要坚信自己一定能够取得好的业绩。

总而言之，要想成为销售精英，你就应该明白：无论什么时候，意志坚定的人总是能够赢得客户的青睐。人人都依赖那些为事业百折不回、能坚持、能忍耐的人，愿意与他们合作，因为坚定的意志能产生牢固的信用。

其实，对于销售人员来说，很多时候，一两次的拜访是很难谈成生意的，但是如果你敢于面对这种被拒绝的挫折，用你真诚的心来使客户敞开自己的心扉，这样你就会与客户更加亲近，也就有助于销售的进行。在这个世界上，最

伟大的销售人员往往是遭受挫折次数最多的销售人员。但他们的失败却为以后的成功奠定了坚实的基础。

如果把销售过程比作一把披荆斩棘的"刀"，那么挫折就是一块必不可少的"磨刀石"，为了销售的成功，销售人员一定要学会勇敢地面对挫折的磨砺，越挫越勇。

克里蒙·斯通被称为"保险业怪才"，是美国联合保险公司的董事长，也是美国最大的商业巨子之一。

斯通在幼年时，父亲就去世了，全家人靠母亲替人缝衣服来维持生活，为了补贴家用，斯通很小就出去帮人家卖报纸。一次，他走进一家饭馆卖报纸，被赶了出来。他趁餐馆老板不备，又溜了进去卖报。气恼的餐馆老板一脚把他踢了出去，可是斯通只是揉了揉屁股，手里拿着报纸，又一次溜进了餐馆。那些客人见到他这种勇气，终于劝老板不要再撵他，并纷纷买他的报纸看。斯通的屁股被踢痛了，但他的口袋里却装满了钱。

勇敢地面对困难，不达目的永不放弃——斯通从小就是这样的孩子，后来也仍是这种人。

斯通还在上中学时，就开始试着去推销保险了。他来到一栋大楼前，当年卖报纸时的情景又出现在他眼前，他一边发抖，一边安慰自己："如果你做了，没有损失，还可能有大的收获，那就下手去做。"还有"马上就做"！

他走进大楼，如果他被踢出来，他准备像当年卖报纸被踢出餐馆一样，再试着进去。但他没有被踢出来。每一间办公室，他都去了。他的脑海里一直想着："马上就做！"每一次走出一间办公室，而没有收获的话，他就担心到下一个办公室会碰到钉子。不过，他毫不迟疑地强迫自己走进下一个办公室。他找到一个秘诀，就是立刻冲进下一个办公室，就没有时间感到害怕而放弃了。

那天，有两个人向他买了保险。就推销数量来说，他是失败的，但在了解他自己和推销术方面，他有了极大的收获。

第二天，他卖出去了4份保险。第三天，他卖出去了6份保险。他的事业开始了。

20岁时，斯通自己设立了只有他一个人的保险经纪社，开业的第一天，他就在繁华的大街上推销出了54份保险。有一天，他创造了一个令人几乎不敢相信的纪录，他卖出去了122份保险！以一天8小时计算，他每4分钟就成交一份保险。

1938年底，斯通成了一名拥资过百万的富翁。

有人问斯通成功的秘诀，他回答说："那就是碰到挫折后，永不放弃的精神。"他还说：如果你以坚定的、乐观的态度面对艰苦，你反而能从其中找到好处。

在销售行业，的确如斯通所讲，能做最多的生意、得到最多的客户、销售最多的商品的，永远是那些不灰心、能忍耐、决不在困难时说出"不"字的销售人员，是那些有忍耐精神、谦和礼貌、足以使别人感觉难违其意、难却其情的人。每一个销售新人，都应该努力使自己成为这样的人，而不是与之相反。

所以，只要认定了一个大目标，不管实现它是容易还是困难，不管自己高兴还是不高兴，总是全力以赴去做的人，总能获胜。现实中，很多销售新人一遇到困难不是去努力解决，而只是寻找借口推卸责任，夸大任务的难度，抱怨上司分派工作的不公。这样的人很难成为优秀的销售人员。

总之，每个销售新人都应该明白：不管什么时候，意志坚定的人总能在社会上找到自己的位置。人人都依赖那些为事业百折不回、能坚持、能忍耐的人，愿意与他们合作，因为坚定的意志能产生牢固的信用。当你明白了成功是用失败堆积而成的时候，你就会在遇到挫折或困难时，去正视它，并去克服它。即使一时解决不了，只要坚持下去，早晚会成功。

因此，作为一个销售人员，要想将挫折降到最低点，或者说面对挫折坦然去应付的话，那你就必须具备这样的心态。

1. 销售人员在销售时要充满热情

一个对自己的职业都不热情的人，怎么能调动起客户的热情呢？销售人员的热情是具有感染力的一种情感，他能够带动周围的人去关注某些事情，当你很热情地去和客户交流时，你的客户也会回报以同样的热情。当你在路上行走时，正好碰到你的客户，你伸出手，很热情地与对方寒暄，也许，他很久都没有碰到这么看重他的人了，没准你的热情就能促成一笔新的交易。

2. 销售人员要具有一颗赤诚之心

态度是决定销售人员面对挫折如何成功的基本要求，作为一名销售人员，必须抱有一颗赤诚之心，诚恳地对待客户，对待同事，这样，别人才会尊重你，把你当作朋友。

为此，许多销售大师指出，销售人员要想成功，首先要对人真诚。真诚面对自己，真诚面对别人。这么一来，才能因尊重自己与别人而赢得对方的敬重，这样才能抑制挫折的出现。

3. 销售人员要具有自信心

自信是一种力量。首先，要对自己有信心。同时，要相信公司，相信公司提供给客户的是最优秀的产品，要相信自己所销售的产品是同类中最优秀的，相信公司为你提供了能够实现自己价值的机会。

4. 销售人员要有坚持不懈的韧性

销售工作实际是很辛苦的，这就要求销售代表要具有吃苦、坚持不懈的韧性。销售工作的一半是用脚跑出来的，要不断地去拜访客户，去协调客户，甚至跟踪消费者提供服务，销售工作绝不是一帆风顺的，会遇到很多困难，但要有解决困难的耐心，要有百折不挠的精神。

5. 销售人员要具有良好的心理素质

销售人员只有具有良好的心理素质，才能够面对挫折、不气馁。每一个客户都有不同的背景，也有不同的性格、处世方法，自己受到打击要能够保持平静的心态，要多分析客户，不断调整自己的心态，改进工作方法，使自己能够面对一切责难。只有这样，才能够克服困难。同时，也不能因一时的顺利而得意忘形，须知"乐极生悲"，只有这样，才能够胜不骄，败不馁。

6. 销售人员要具有责任心

销售人员的一言一行都代表着你的公司，如果你没有责任感，你的客户也会向你学习，这不但会影响你的销售量，也会影响公司的形象。无疑，这也是让你受到挫折惩罚的原因。

企图心是销售成功的关键

凡是成功的人都拥有一个条件，那就是强烈的企图心。销售人员要想成为销售冠军，创造出佳绩，就一定要拥有强烈的企图心，一定要拥有一定要的决心。强烈的企图心就是对成功的强烈欲望，一个人只有有了强烈的企图心才会有足够的决心，才能做出一些超出常规的行动，焕发起超出常规的能力。

企图心是指一个人做成某件事情，或达成既定目标的意愿，是一个人充分施展自己才能、发挥自我潜能的强烈驱动力和追求成功的最大动力。人们只有充分认识到这一点，并将之融于工作、事业和生活中，才能达到成功，享受美好人生。企图心的强烈程度，取决于意愿的大小。意愿越强烈，说明企图心越大，成功的可能性就越高。反之成功的可能性就越低。

凡是成功的人都拥有一个条件，那就是强烈的企图心。

成功者跟一般人最大的差别就在"一定要"与"想要"之间：如果你希望自己的梦想能够成真，你就必须有决心——"一定要"成功！

美国伟大的科学家和发明家富兰克林在自己的人生信条里对决心有着自己的见解：想做之事就要下决心去做，决心做的事就一定能完成。决心的价值在于下定这个决心所需要的勇气。在某种情况下，做出一个伟大的决定，往往是冒着死亡的危险而做出的。

所以，要成功首先就要拿出决心来，那决心就是你敢付出多少？你有没有破釜沉舟的决心？你有没有"不能完成目标就去裸奔"的决心？

每个人都有梦想，渴望成功，但现实是成功总属于少数人，大部分人都与成功无缘，还有一些人整天生活在抱怨、失望甚至贫穷中。为什么人与人有这么大的差别呢？

巴拉昂是法国50大富翁之一，他的财富是在不到十年的时间里迅速积累起来的。1998年，巴拉昂因癌症去世，临终前他下遗嘱说："我曾是一个穷人，去世时却是以一个富人的身份进入天堂的。在跨入天堂的门槛前，我不想把我成为富人的秘诀带走，如果谁能猜中穷人最缺少的是什么的秘诀，他就能得到100万法郎，那就是我对他的奖励。"

巴拉昂的遗嘱经报纸刊登后，收到了大量的信件，大多数人的回答是，穷人最缺少的是金钱。还有一部分人认为穷人最缺少的是机会、帮助、技能等，还有一个小姑娘认为穷人最缺少的是企图心。

在巴拉昂逝世周年纪念日上，律师按巴拉昂生前的交代公布了正确答案——穷人最缺少的是企图心。

这个谜底震动了整个法国乃至欧美世界，许多富豪和成功者都在议论这个话题，他们一致承认，企图心是所有梦想的萌芽点。很多人之所以没有成功，就在于他们有一个致命的弱点——缺乏成功的企图心。

一个人只有有了企图心，才会对对自己有信心，有了信心才有决心为实现企图而努力付出。你的企图心有多大，你的人生版图就有多大。

孙浩是一家保险公司的销售员，在与同事日常的交往中，他发现同事推销的客户基本上都是一些中产阶级，而对那些大公司、大企业的老总等成功人士却从不推销。他觉得很奇怪，就问同事为什么不向这些成功人士推销保险，这可是一批大客户，如果谈成，会给自己带来很大的收益。而同事却对他的想法嗤之以鼻："你真够幼稚的，人家都那么有钱，不管是什么保险，早已经买过了，难道还都留着等你去推销吗？"但执着的孙浩却不这么认为："你怎么知道他们都已经买过了呢？"同事呵呵一笑说："说你傻你还真傻啊！用脚指头想想都知道是这么一种情况，虽然我没有确切的市场资料，但是我敢保证，99.9%的这样的客户都已经买过了，不要在他们身上浪费时间了，有时间赶紧开发中产阶级吧。"

但孙浩最终还是坚持了自己的想法。他认为既然没有确切的数据证明，就说明这是一块潜在的巨大的市场，即使他们已经买过了，自己也要去试一试。于是在其他同事都朝着中产阶级的方向拥挤的时候，他却专门去向这些高层人士推销。在他的努力下，最终成功说服了几个公司的董事长购买保单，并且这些大客户又把孙浩介绍给自己的朋友，当然也都是一些成功人士。这些成功人士买了以后觉得不错，又介绍给自己其他的朋友。就这样，孙浩逐渐在这些成功人士中签了很多保单，取得了很好的业绩，获得了不错的收入。

在别人都认为他们已经买过保险，或者根本就不敢去推销时，孙浩并没有因此放弃，而是主动出击，努力去争取，结果开发出了很广阔的一个市场。因为实际情况并不是同事们想象的那样，这些成功人士虽然有钱，但也不是所有的人都买了保险，反而有很多并没有买，就等着有人去向他们推销。而只有洞察力强的孙浩想到了，并努力争取了，所以他成功了。

一个不想签大订单的人一般都创造不出良好的业绩。业绩的好坏，往往取决于一个销售人员是否拥有强烈的企图心。

李明是一家保险公司的推销员，在业内拥有一定的知名度，可以说在推销界小有成就。但他初次踏入推销领域时，也曾遇到过不少挫折和困难。在一次失败后的教训中，他得到了一生中最大的启示。

一次，李明到一家工厂拜访一位老板。当时老板正在埋头工作，在李明讲了自己的来意后，老板冷淡地拒绝道："我不需要！你赶紧走吧，我还有很多工作要处理，没有时间陪你聊天。"

李明为此很受打击。从工厂出来后，他一个人漫步于街头，信步走到一个公园，独自坐在冷板凳上反省，心想："自己到底适不适合做推销员？"他越思考越觉得自己对推销工作没有信心。

这时，一声"唉哟！"引起了李明的注意，原来有两位小朋友在练习溜冰，其中有一位小朋友不小心跌个四脚朝天，却见他不当一回事地自个儿爬起来。

在好奇心的驱使之下，李明走上前去，问道："小朋友，你不怕疼吗？"

跌倒的男孩若无其事地回答说："我只想把溜冰学好，跌倒了，不算什么，再爬起来就是了。"

接着，李明在旁边观看了好一会儿，发现另外一个孩子溜得很好，因此，李明问他："小朋友，你为什么溜得这么好呢？"

这个小孩一本正经地回答说："这有什么好奇怪的呢？我已经练了好几年了。"

听了两位天真烂漫的小朋友的答话，李明不禁十分感动。

同时，他也受到了很大启发。一点也不错，跌倒了，再爬起来就是了！只要肯下功夫，一定能够成功的。

第二天，李明又前往昨天碰过钉子的工厂拜访。

首先，李明告诉老板，他是为昨天冒昧的打扰专程来致歉的。那位老板看到李明如此客气，态度比昨天好多了。

因此，李明趁机请教他一个问题：

"如果贵工厂的职员在外面遇到了困难便退缩的话，您还用不用他？"

这位聪明的老板立刻会意，他请李明坐下，并且告诉李明，他愿闻其详。

李明成功地拿到了这位工厂老板的订单。

从此，李明便不断地告诉自己："推销是从拒绝开始的。"他勇敢地面对一次又一次的拒绝，直到有了今天的成绩。

决定你命运的是决心，只要你有一定要的决心，那么你就一定能够找到方法。改变的力量源自于决心，成功就注定于你做出决定的那一刻。只有决定一定要成功，潜能才能被激发。你到底是想成功还是一定要成功，如果你一定要成功就立即采取行动。

顶尖销售员的欲望，许多来自现实生活的刺激，是在外力的作用下产生的，而且往往不是正面的、鼓励型的。刺激的发出者经常让承受者感到屈辱、痛苦。这种刺激经常在被刺激者心中激起一种强烈的愤懑与反抗精神，从而使他们做出一些超出常规的行动，焕发起超出常规的能力。

成功的欲望源自于你对财富的渴望，对家庭的责任，对自我价值实现的追求。不满足是向上的车轮！因欲望而不甘心，而行动，而成功，他们想拥有财富，想出人头地，想获得社会地位，想得到别人的尊重。

但在营销的过程中，你会发现很多销售人员，的确很有能力，他们有较高的学历，良好的交际能力，但他们的销售业绩却不高；相反，还有一些销售人员，他们看起来非常不起眼，可他们表现出对成功的强烈欲望，对高业绩大订单有强烈的企图心，所以他们的业绩非常好。

对于销售人员来说，渴望成为销售精英在很大程度上就是对大订单有着强烈的渴望，满足现状的人是不适合做销售的。要想成为销售精英缔造销售神话，就必须要具有强烈的企图心。强烈的企图心就是对大订单的强烈欲望，没有强烈的企图心就不会有足够的信心和决心。

在某一农场，农场主要招聘一个人，他对应聘的几十个年轻人说："这里有一个标记，有一个球，你们要用球来击中这个标记，每个人有5次机会，谁击中的次数最多，我就招聘谁。"

结果，这些人没有一个击中目标。农场主说："你们明天再来吧，看看谁可以做得更好！"

第二天，按照规定的时间，只来了一个年轻小伙子，并且他每次都能够击中目标。

农场主惊讶地问道："你是怎么做到的呢？"

"因为我的家庭比较困难，我非常需要这份工作，所以，昨天回家后我练习了一个晚上，我告诉自己，无论如何，我一定要击中目标，我一定要超越所有人。"

故事中的年轻人正是在强烈需要这份工作的情况下，才最终胜出，而他强烈需要这份工作的这种心态也可以说是企图心。

针对企业而言，销售部是企业生存的来源，一个企业可以存活多久，主要靠销售部门去争取更多的业绩，做销售的人，一定要有强烈的企图心，说直接点就是要有赚钱的想法，如果都是一群没有想法的人聚在一起混日子，那么，这个企业离破产也就不远了。

所以，销售人员要想成为销售精英首先就要拿出企图心来，企图心就是你敢付出多少？你是否有破釜沉舟的决心？一个成功的销售人员都有强烈的企图心，都有着成为销售精英的欲望。李嘉诚就是这样一个人。

李嘉诚在年轻时，曾在一家塑胶裤带公司做销售。刚进公司时，李嘉诚就给自己定下了这样的目标：3个月，干得和别人一样出色，半年后我要超过他们。李嘉诚就是有这样强烈的成功的欲望，也就是企图心，所以才会努力拼搏。

早上天刚蒙蒙亮，李嘉诚就背一个装有样品的大包出发，乘巴士或坐渡轮，然后去拜访每一个客户。别的销售人员做8个小时，他就做16个小时。

半年后，由于业绩突出，李嘉诚被提升为部门经理，主管产品销售。这一年，李嘉诚年仅18岁。两年后，他又被提升为总经理。

李嘉诚的成功是源于他具有强烈的成功欲望。由此可见，你只要有必胜的信念，自然就会激发自己的斗志，成功也就很容易了。

一个企图心越强的人，目标就会越高，同时对自己的要求也会越严格。一个没有企图心的销售人员，一定是追求大家和和气气、相安无事的工作状态，这样的销售人员，往往不容易创造出更高的业绩。

总言，销售是一个压力很大的职业，销售人员需要不断地遭受拒绝与失败，还需要强烈的成功欲望和企图心，才能最终激发起突破重重障碍的雄心。

当然，企图心的获得不是一蹴而就的，应当注意平时的培养，在日常生活中，销售人员应该在这三个方面注意加强。

1. 学会自我施压，时刻保持充电的状态

随着社会的发展，各行各业的竞争愈演愈烈，对于人才的素质要求更高。而作为一名销售人员，唯一能够做得就是时刻保持"充电"状态。这样不仅可以使自己的时间安排更加充实，而且还会对自己业务能力的提高大有益处。

2. 对自己的事业要进行有步骤的规划，提前确定发展方向

俗话说："不想当将军的士兵不是好兵。"作为一名新时代的销售人员，相信每个人都会对自己未来的事业在心目中有一个勾勒，但成功的关键是在于

你是不是能真正付之于行动。虽然敬业是员工必须具备的素质，但是我们应该注重工作带来的满足感及发展潜力。比如从工作中，学到了沟通、决策、处理事物等能力。可能你现在还没有感觉出来，但是随着时间的推延，这种优势会越发明显地表现出来。这也就是工作经验的积累给你带来的"无形财富"。同时，这也为你将来的发展做了一定的铺垫。因为你可以借助对行业及社会的了解，确定今后的发展方向。如果条件允许，最好列举出相关的步骤及问题，尽可能做到心中有数。只有做到心中有数，你才会按照自己的规划一步一步地接近目标。

3. 积极开拓人际关系，学习为人处世的能力

销售人员是与不同的人打交道的工作，他需要销售员本身具有很强的交际能力。只有具有了很强的交际能力，才能为你今后的事业打开"方便"的大门。如果说你现在是一名公司的普通销售员，就不应该放弃任何表现自我的机会。比如，可以借助公司大小活动，加深上级主管对你的印象；同时也可多与其他部门主管及人员交流，开拓自己在公司内外的人际关系。因为一个人的知识面了解毕竟有限，但通过公司内外的人际网络，不仅可以得到最新的信息，也可为自己业绩的提升获得较多的机会。

"物尽天择，适者生存"，这句名言揭示了个体生存的必然规律。在这个竞争日趋激烈的职场年代，销售人员必须像海绵一样保持吸水的状态，因为只有具有了强烈的企图心，才会有动力，有进取才有辉煌。

瞬间成交技巧二十七

饱含激情地推销

激情是战胜所有困难的强大力量，它使你保持清醒，使你充满渴望，它不能容忍任何有碍于实现既定目标的干扰。客户面前，销售人员必须要保持百分百的激情。因为激情代表着态度，态度影响客户的情绪，情绪可以煽动着客户的决定，决定最终决定成交！因此，一个推销员要想获得成功，必须充满激情地生活。

如果你问工作的最好动力是什么，那答案肯定是激情。因为激情不但能促使一个人为了事业的辉煌去努力创造，而且更能促使人为了体现和创造最大的人生价值而勇往直前。

通过对成功人士的研究，你会发现他们的成功都具有这样一个共同点——激情饱满、斗志昂扬。

"化妆品工业皇后"雅丝·兰黛多年来都是一些杂志富商榜上的传奇人物，她的成功就是源于她对工作一直保持着激情。

雅丝·兰黛，白手起家，凭着自己的努力和对事业的激情，一手创办了雅丝·兰黛化妆品公司，并在同行业竞争中脱颖而出，走在了化妆品销售领域的前列。雅丝·兰黛之所以能创造出如此辉煌的事业，就是靠她自己对待工作和事业的激情而得来的。

雅丝·兰黛在80岁的时候依旧每天都能斗志昂扬、精神抖擞地工作10多个小时，她对待工作的态度和旺盛的精力实在令人惊讶。今天的雅丝·兰黛名义上已经退休，但是，她照例会每天穿着名贵的服装，精神抖擞地周旋于名门贵户之间，为自己的公司做宣传。

激情是工作的动力，没有动力工作就难有起色。激情能够创造不凡的业绩，如果一个人缺乏激情，疲沓涣散，最终只能是失败。

但遗憾的是，现实生活中大多数人的工作状态却是缺少激情的：

参加工作一年，干劲十足；参加工作两年，心不在焉；工作三年，混一天是一天。

"工作时间一长，难免会对现有的工作产生厌倦""整天面对一样的工作，谁能提得起精神"……这些都成了他们不思进取的最好借口。如此的抱怨，对生命而言又能获得什么呢？只能是平庸的生活与心灵的烦恼。

陈光做销售已经有5个年头了，重复的工作已经消磨了他的斗志，会见客户不见他有任何激情，而且周围的同事还能时不时地听到他烦恼的抱怨。

正在陈光为了工作烦恼抱怨时，刚来公司不久的小宋签了一个大单，听了小宋的好消息，他还是一如既往地烦恼抱怨。

由于小宋刚来公司不久，出于谦虚，就多次和资历深的陈光聊天，问他："销售这条路应该怎样走下去呢？"听了小宋的询问，陈光不仅没有给予新人鼓励，反而烦躁地说："等你再做一段时间，看你还剩下多少激情？那时你就能体会我现在的心情了！"

销售人员如果没有了激情，那么销售这条路应该怎样走下去呢？一个人在某一行业干得久了，难免会产生疲倦，当初的斗志也会被慢慢磨掉。据调查显示：大概有98%的人不喜欢自己现有的工作。其实，人一生中所取得的成就，不是只靠关系或者机遇，而是取决于你对工作的态度。如果你能将工作看作对自己的一种挑战，面对挫折困难，也能满怀激情地投入其中，那奇迹就一定会发生。

简言之，对工作的激情就是一种充满斗志的情绪，是一种积极向上的态度，是对工作的热爱和执着。激情是一种力量，它能促使人去解决最艰难的问题；激情是一种推动力，推动着人们努力向前奋进。激情是一种看不见摸不着的东西，它是一个人前进的内在驱动力，更是一个人自身潜在的财富。

一个人的价值=人力资本×工作激情×工作能力。一个人如果没有工作激情，那么他的价值就是零。没有工作激情的人，工作一定是为了熬时间、盼休息……

其实，工作激情和工作能力并不是处于同等的位置，工作激情是工作能力的前提和基础，工作激情可以促进工作能力的提高。有了工作激情，才能取得傲人的工作成果，才能证明自己的工作能力。没有工作激情，整天得过且过，最后只会日渐消沉。因此，要想创造辉煌的事业，就要有燃烧的激情。

销售是一份充满挑战的工作，它充满了变数与未知，所以激情显得尤为重要。激情就是一种随时应对挑战的状态，是否做好了准备，就看你是否拥有激情。只有充满了激情，才会充满力量，充满信心，保持激进的步伐。

曾经在无意间看到这样一段话："今天，我开始新的生活。今天，我爬出满是失败创伤的老茧。今天，我重新来到这个世上。我出生在葡萄园中，园内的葡萄任人享用。今天，我要从最高最密的藤上摘下智慧的果实，这葡萄藤是好几代前的智者种下的。"这就是说，推销取得成功的最重要的一个因素就是激情。

实践证明，推销员自身的激情对其成功所起的作用占90%，而产品知识只占10%。很多初入推销行业的销售新人虽没有学会太多的推销技巧，却能不断地将产品推销出去，创造不错的推销业绩，最主要的原因就是他们对自己的工作充满激情。

激情与推销员的关系宛如蒸汽机与火车头的关系。激情可使推销员精力充沛、超常工作。激情由刺激而来，这种刺激包括：拥有自己喜欢的工作；在个人所处环境中，可以接触到其他激情和乐观的人士；不错的收入；与个人职业需要相配的称心如意的服装。

弗兰克·贝特格是世界上最杰出的十大推销大师之一，他的童年历经磨难。他在很小时，父亲就去世了。那时，他们的生活过得十分拮据，母亲靠为别人缝补衣服挣钱来养活一家人。

18岁时，贝特格成为了一名职业棒球选手。但他的棒球生涯并没有持续多长时间，很快他就被解雇了。面对没有任何理由的解雇，贝特格当时就去找球队老板，并质问他为什么要这样做。老板面无表情，并对贝特格没有拼搏精神、如同一个将要退役的老球员的做事态度非常不满。贝特格不想失去争辩的机会，他告诉老板打球时我很紧张，不过他保证，自己会努力消除这种不良状态。但是老板毫不留情地说："没用的，你不适合打球。"

"弗兰克，离开这里后，无论你从事什么工作，都要充满活力和激情。"老板最后这样告诫他。

后来，贝特格加入了康州的纽黑文球队。在那一刻，他在心底暗暗发誓，他要成为整个球队最具活力、最有激情的球员。

每天，贝特格就像一个不知疲倦的铁人奔跑在球场，球技也提高得很快，尤其是投球，不但迅速而且非常有力，有时居然震落了接球队友的护手套。

正是因为贝特格发疯似的激情让他们的球队在一次联赛中击败了对手。激情在贝特格身上起到两种效果。第一，激情让他忘记了恐惧和紧张，掷球速度比赛前预计的还要出色；第二，贝特格"疯狂"般的奔跑感染了其他队友，他们也变得活力四射，首先在气势上压制了对手。

赛事结束后，一家报纸的头版头条居然对贝特格做出了这样的刊登："这个球员是个新手，他浑身上下充满活力和激情，并因此感染了其他队员，从而赢得了此次实力悬殊的比赛，他们的精神状态似乎比以前任何时候都要好。"更让贝特格感到震惊的是，这家报纸居然称他是整个球队的灵魂人物，并为他起了一个绰号——"勇猛"。

贝特格之所以有这么快的进步，并是因为他的球技出众，而是因为他拥有激情的力量。这次的成功让他深深懂得：任何事情只要你投入激情去做，就一定会成功。

后来，贝特格因为身体原因，离开了棒球队。

离开棒球后，贝特格找了一份为一个卖家具的商店收款的工作。因为有的顾客在购买家具的时候采用了分期付款的方式，所以他的工作就是在期限结束的时候上门收钱，老板给他的报酬是每天1美元。

在度过了一段郁闷消沉的时光后，贝特格应聘到一家人寿保险公司做了一名人寿保险推销员。最初做寿险推销的十个月是他生命中最灰暗、最漫长的时光，每次外出推销都无一例外地空手而返。渐渐地，贝特格残存的最后一点自信也被残酷的现实吞噬殆尽。你根本就不适合做寿保推销员——这样的想法让他彻底对这项工作失去了兴趣。

于是，贝特格每天的首要任务就是买来大量招聘类报纸翻找招聘信息。那时他看到一则招聘船员的启示，就想，当个船员也不错。可与此同时，他意识到自己无论做什么工作，内心都被一种莫名其妙的、复杂的情绪笼罩着，没有一点奋斗的信心。

后来，贝特格参加了戴尔·卡耐基的演讲训练课程。

一次，贝特格发言完毕刚想坐下，卡耐基先生用手势制止了他。"请等一等，贝特格先生，你的讲话为什么这么没有力量呢？你缺少激情的发言大家没有谁会感兴趣的，你说呢？"随后，卡耐基先生以激昂和极具感染力的语气讲解了什么叫"激情"，讲到高潮处，他忽然拎起旁边一把座椅使劲摔在地上，并且摔坏了椅子的一条腿。

回家后，贝特格躺在床上想起了以前打棒球的日子，整整一个小时，脑海中充满了这些过往片段，他感到让他离开棒球道路的东西现在又要来毁掉他的推销生涯。认识到这种不良状态后，他告诉自己：贝特格，你要拿出发疯般的激情，投入到做推销员的工作中来！

贝特格立即下定决心，要改变自己的生活，并继续留在保险业，他要把以前用于打棒球的激情，重新注入到自己的推销事业上去，这个决定正是他生命的转折点。

每一位从事推销的人都会有第一次经历，而且这种经历大都令人难忘，贝特格也是如此。他忘不了隔天的第一次访问，这也是他决定勇往直前后的第一次尝试。我这个"不速之客"，要让对方感受到自己的激情与积极，所以他决定硬着头皮试一试。

贝特格激动地用拳头敲打桌子，本以为对方会大吃一惊，可能阻止他或责问他出了什么"毛病"，但对方看了后，并没有说什么。

于是他与客户有了进一步面谈的机会，他发觉，客人挺胸正坐、睁大眼睛地听着他说话，除了提问题外，从不打断他的话，也没有像他事先想的那样将他赶出去。

经过贝特格的一番解说，他最终买下了一份保险！这位客户就是艾尔·爱默生，后来他们还成了十分要好的朋友。

从那一天起，贝特格推销保险的劲头与在球场一样，充满激情的奇妙力量对工作产生了很好的作用。

当然，用拳头敲打桌子并不一定可以产生激情，但这样硬着头皮能使你的内心热烈起来，不信你也可以试试这一方法，借着这种方法消除自己的紧张，也未尝不是一个值得一试的良策。我相信，只要强迫自己散发激情，一旦需要热心参与某种活动，便能立刻感到这股激情的力量，进而勇往直前迈向成功。

在25年的推销生涯中，贝特格目睹过太多的例子，也见过不少朋友因激情使薪水加倍，甚至增加三倍，但同时也见过那些缺乏激情的推销员慢慢地走向一败涂地的境地。成功与失败的分别原本只是一线之隔。

贝特格一直坚信，激情是推销成功的最大要素，也是唯一的要素。他认识一位保险业的权威人士，他满腹知识，如果要写一本保险方面的书绝对绰绰有余，但他却无法以推销保险为生，其主要原因在于他缺乏激情与冲动。

激情是这个世界上最有价值的也是最具有感染力的一种情感，无论什么时候，自己如果充满激情，和你交谈的人在无形之中也会被感染，从而愿意和你交谈；如果你表现得不够热情，那么你推销时所讲的话就如同在喜庆节日的餐桌吃到了发馊的饭菜一样，毫无新鲜感，甚至让人讨厌。

这个世界上没有成功的捷径，如果有，那就是一个人的激情。

一个人充满激情并不仅仅是外在的表现，它会在你的内心形成一种习惯，然后通过你的言谈举止不自觉地表现出来，从而影响他人。这种习惯没有什么可以阻止你，更多时候，它有助于你摆脱怯弱心理的羁绊，走向成功的坦途。

那么，从今天开始，告诉自己每天都充满激情地投入到工作中，让激情占据你的内心，一个月后，我相信你的生命从此活力四射。

一个推销员就像一根火柴，客户就像蜡烛。如果你不首先点燃自己，又怎么可能照亮他人呢？一个没有激情的人，他的言谈举止怎能去感染一个陌生人呢？如果你没有夺取成功的激情，就请赶快放弃每天都和"失败"打交道的推销工作吧！

销售是信心的传递，销售是情绪的感染。简单来讲就是动之以情，晓之以理，诱之以利。每一个客户都是不同的，他们的需要也是不同的。销售人员越能让客户形象化地看到利益，并能激发他们的激情，就越能成功地促成最终的成交。

销售工作是一项需要充满激情的工作，但任何人从事的时间长了，也都会产生厌倦，那当日复一日、沉闷无味的常规工作让我们的热情渐渐消失时，当我们失去可以感染客户的激情时，销售人员应该怎样重新点燃、保持自身的激情？怎样点燃客户的购买激情呢？

1. 销售人员要具有事业心，热爱自己的工作

其实，拥有激情的方法十分简单，那就是从事自己喜欢的工作。一个人只有爱上了自己的工作，才能投入百分之百的热情，你的热情也将成就你的成功。相反，一个人如果不热爱自己所从事的工作，即使他有很高的才能，也无法取得成功。

2. 销售人员要时刻拥有一颗好奇心

一个人无论做什么事情，一旦失去了好奇心，也会失去激情。所以，当你遇到挫折或者遭到客户的拒绝时，要不断地寻求失败的原因，用你对失败原因的探究来培养和强迫自己保持好奇心。

3. 销售人员要对自己的销售事业充满兴趣

一个人无论从事什么工作，一旦你对工作本身失去了兴趣，只是为了那份薪水，那你就不会对它投入太多的精力，也就很难在这个行业有所发展。

4. 销售人员要拥有勇气、决心、自信和永争第一的意志

如果你想从事销售这一职业，那你就得必须面对无数次的拒绝。所以，要想成为一名成功的销售人员，你必须要有足够的勇气、决心和自信，因为只有这样，你才会产生追求胜利、永争第一的壮志，才能走出困境。这也就是优秀销售人员与一般销售人员最大的区别所在。

5. 销售人员要不断地扩充自己的知识

一个人如果缺乏知识，激情和能力就不可能持久。如果你不能时时扩充自己的知识面，那么对于科技的日新月异和越来越多的竞争对手，你将会不知所措。所以，要记得时时为自己充电。

6. 不要为自己的失败找任何借口

为自己的失败找借口实际上是在否定自己的能力。要知道，在销售行业中没有什么是不可能的，当你失败时，别人也不见得就会成功。成功的机缘往往决定于最后一击。假如你内心总是想着不可能，做不到，那么你的创造力就会下降。缺乏创造力的销售人员是最容易失败的，而销售精英一旦设定目标就会锲而不舍坚决地完成。

一个推销员要想获得成功，就必须要充满激情地去生活。一个暮气沉沉的

人，纵有天大的才气，也没有用武之地。那么，从今天开始，告诉自己每天都充满激情地投入到工作中，让激情占据你的内心。当激情成为一种习惯后，你最终会成为一个伟大的推销员。

瞬间成交技巧二十八
快乐地得到大订单

乐观是自信的源泉、是坚持的依据、是奋斗的希望、是销售人员成长的精神动力，它也是顶级销售明星和普通销售人员之间最重要的差别。销售人员之所以要保持积极乐观的态度，是因为如果你没有足够的能量释放出来，推动销售，那么你就会失败。所以，销售人员要不以微小的业绩而得意忘形，不因工作的挫折困难而悲观绝望、不因客户的拒绝而垂头丧气、不因完不成任务而怨天尤人。只有这样才能使自己在逆境中看到希望，从而振奋精神，找到正确的方法和途径走向成功。

人常说：心态决定胜负。意思就是说，无论遇到任何事情、任何困难，我们的心情永远不变。我们每天从早上开心到第二天早上，连睡觉都露出八颗牙齿，这样我们才能真正获得成功。其实，我们每个人都希望获得成功，可是我们获得成功是为了什么？——快乐。所以，请记住，顶级的销售员一定要拥有一个快乐的心情。

乐观的心态对于销售员有以下几个方面的作用。

1. 乐观是销售人员销售成功的必备条件

对于售销员来说，乐观就是无论在什么情况下，即使业绩不好也要保持良好的心态和工作热情、相信逆境总会过去、相信成功总会到来、相信失败就是成功之母、在经历无数次的失败之后仍相信再坚持一下订单就会成功。

销售员的心态是否乐观与其业绩有决定性的关系。一个销售员设定本月的销售任务为50万，但临近月底时，他完成了30万。乐观的销售员会认为已经成功了一多半，决定要更加努力绝不放弃，并改进工作计划并积极去执行，而悲观的销售员则会宣布放弃。

2. 乐观的销售员才会有充分发挥自身潜力获胜的机会

当我们抱有乐观的心态时，就会有希望，不放弃时就会有机会。

从前，有位秀才参加科举考试，连考两次都没有高中，但他仍没有放弃，还是决定再考一次。

临近考试时，秀才提前进入京城，住在一个经常住的店里。考试的前几天他做了三个梦，分别是：梦到自己在墙上种白菜；梦到下雨天，他戴了斗笠还打伞；梦到跟心爱的表妹脱光了衣服背靠着背躺在一起。

秀才觉得这几个梦很有深意，就赶紧去找解梦人为其解梦。解梦人一听，摇摇头失望地说："你还是赶紧回家吧。你想想，高墙上种菜不是白费劲吗？戴斗笠打雨伞不是多此一举吗？跟表妹都脱光了躺在一张床上了，却背靠背，不是没戏吗？"

经解梦人这么一说，秀才心灰意冷，回到店后就收拾行李准备回家。店老板觉得非常奇怪，就问秀才："明天不是要考试了吗，怎么今天就要回乡了呢？"秀才将自己的梦和解梦人的话向老板说了一遍，店老板摇摇头，说道："我也会解梦的。我倒觉得，你这次一定能高中。梦中的墙上种菜不是高种吗？戴斗笠打伞不是说明你这次有备无患吗？跟你表妹脱光了背靠背躺在床上，不是说明你翻身的时候就要到了吗？"

秀才听后，觉得店老板的话更有道理，于是就精神振奋地参加考试，结果他果然高中。

上面的故事告诉我们：很多时候我们不是输给了竞争对手，而是输给了自己，在与竞争对手争夺客户时，我们为客户提供的方案和综合实力不是没有赢的希望，而是由于我们自身悲观的心态把自己给否定了，从而白白浪费了销售机会。

3. 乐观的销售更容易接近和打动顾客

生活中，乐观的人更善于发现真善美，开放自己的心胸，让自己活得开心快乐，随时带着微笑。销售本身是一种信心的传递和信念的转移，而快乐具备一种强大的传播力、吸引力和影响力。乐观的销售会在使顾客在购买产品或服务，享受产品本身带来利益的同时获得一种快乐的消费体验，使得客户更愿意与你交往。

4. 乐观的销售更能战胜挫折，并发现事物积极的另一面

如果你去拜访客户被客户了赶出来，你会怎么想？

乐观的人会想："没关系，肯定还会有更好的客户等着我呢，看来自己的沟通技巧和有待于提高啊"；"真没素质，幸好还没有跟他合作，要不以后麻烦更多"；"没关系，失败是成功之母！只要我不放弃订单就会是我的，不是我不行，只不过这次准备不充分、方法没找好而已。"在保持乐观心态的同时，他们还会对销售的失败进行反思：是不是自己的产品或服务不能满足客户需求，或同竞争对手比起来缺乏竞争力；是不是自己的方法错

了；是不是选择拜访时间不对，切入点没找好；我下次拜访如何改进自己的沟通方式、销售方案才能更容易被客户接受等。而悲观的人会想："为什么总是被人拒绝，是产品真的没竞争力，还是自己根本就没有做推销的天分呢？""完了，这次又失败了，回到领导那里没法交差了，说不定会被'炒鱿鱼'，要是被炒了鱿鱼，那就失业了，要是失业了就没有了经济来源，生活也没有了保障等，为什么我的命就这么苦呢！"

一个积极乐观的销售员才会在"不可能"中发现机会，在困境中把握住销售机会转败为胜，从而创造销售奇迹。

由此可见，乐观可以让失败和遇到挫折的销售人员看到胜利的希望，重新振奋精神并客观冷静地分析失败的原因，从而提升自己的销售水平，从失败不断走向成功。而悲观的销售人员则会沉溺于失败强烈挫折感和自责、自卑之中，逐渐失去信心而放弃。

人的一生，就像一趟旅行，沿途中既有数不尽的坎坷泥泞，也有看不完的风景。我们既能坦然地享受幸福、快乐、希望、阳光，也要学会坦然地面对忧愁、绝望、不幸、黑暗。

一般来说，在面对人生精彩的一面时，我们都能以微笑迎接，可是当我们面对人生那些不可避免的哀愁时，我们同样也要以微笑迎接。

所以，我们要永远保持一种乐观向上的心态，坦然地看待自己眼前所发生的一切，即使是面对多重困难，也一定要期待着成功的那一天。这时，我们不妨苦中作乐，风雨中磨砺，找到生活的趣味，经过长久的忍耐和拼搏之后，我们最终将迎来销售的成功。

人生中既会有风雨，也会有阳光，这是人生不可避免的法则。我们在渴望阳光的同时，生活有时不免会捉弄我们去面对风雨。但我们不要泄气和悲伤，那样只会埋没了自己东山再起的锐气。我们要学会冷静地看待人生，一时的挫折并不意味着整个人生都是苦苦挣扎，只要我们能够保持一种乐观的心态，生活的美好就一定会在前方展现。

乐观的人即使失败了，也能迅速做出反应，找出解决的办法，确定新的解决方案。乐观的人不会对事业表现出失望、绝望，正可谓：悲观的心态泯灭希望，乐观者则能激发希望。

对于销售人员来说，是否具有乐观精神决定了他的生活和工作的态度，同时也与他的销售业绩密切相关。乐观的人不管在什么情况下，都能保持良好的心态，他们相信乌云飘过，阳光总会普照大地。

作为一名销售人员，谁都希望自己的业绩迅猛增长，但是要做到这一点，良好的心态是不可或缺的，因为什么样的心态决定了什么样的成就，什么样的心态决定了什么样的人生。

美国联合保险公司董事长克里蒙·斯通，是美国巨富之一、世界保险业巨子。

在16岁那一年的暑假，斯通就开始从事推销保险的工作。第一次推销保险时，他来到一栋写字楼前犹豫不决，于是，他默念着自己信奉的座右铭："如果你做了，没有损失，还可能有大收获，那就放手去做，马上去做！"

接着，他勇敢地进入大楼，挨家挨户地进行推销。结果，只有两个人买了保险；但在了解自己和推销技术方面，他收获不小。第二天，他卖出了4份保险；第三天，他卖出了6份保险。假期结束时，他居然创造了一天10份的好成绩。

那时，斯通发觉，他的成功，是因为自己有积极的心态并能积极行动起来的缘故。

20岁时，斯通在芝加哥开了一家保险经纪社"联合登记保险公司"，全公司只有他一个人。开业的第一天，斯通就推销出54份保险。渐渐地，他的事业日益兴旺。有一天，他居然创造了122份的记录。

后来，斯通在各州招人，在各处扩展他的事业；各州设一名销售总管，领导销售人员，他自己管理各地总管，当时的斯通还不到30岁。

但那时候，整个美国笼罩在经济大恐慌之中，大家都没有钱买健康和意外保险，真有钱的人又宁愿把钱存起来。这时，斯通给自己加了几条应付苦难的座右铭：销售是否成功，取决于销售人员，而不是顾客。如果你以坚定的、乐观的心态面对困难，你就能从中找到益处。结果，他每天成交的份数，与以前相比竟然没有下降。

后来，经过斯通的不断努力，他成为了一名百万富翁，而他领导的保险公司也成了美国保险业知名的大企业。

可见，积极乐观的心态能够激发出销售员的自信、勤奋、努力，销售员在自信、勤奋、努力的指引下，做出了超凡的销售业绩。

积极乐观的销售心态不是天生的，只要努力练习，悲观的销售员也能学会积极乐观。心理学家的研究证明，如果你一旦发现自己有消极、自暴自弃的思想就要把它控制住，这样你会重新评判面临的情况，觉得结果不会那么差。

小洪是一家保险公司的销售人员，他很想成为公司的明星销售人员。为此他不断从励志书籍中寻找培养积极乐观心态的方法。有一次，他陷入了困境，这是他平时进行积极心态训练的一次考验。

一天，小洪在某一商业区推销保险，但一次也没有成功。他自己觉得很不满意，但当时他这种不满是积极心态下的不满。他想起了过去读过一些保持积极心态的法则。第二天，他在出发之前对同事讲述了自己昨天的失败，并且对他们说："你们等着瞧吧，今天我会再次拜访那些顾客，我会售出比你们售出总和还多的保险单。"

在这种心态的驱使下，小洪又回到那个商业区，访问了前一天同他谈过话的每个人，结果售出了20张保险。这确实是了不起的成绩，而这个成绩是他当时所处的困境带来的，因为在这之前，他曾挨家挨户走遍了商业区的每一个商户而一无所获。但小洪能够把这种对大多数人来说都会感到的沮丧变成第二天激励自己的动力，结果如愿以偿。

积极乐观的心态不是每个人与生俱来的。当你发现自己缺乏乐观心态时，不要失望沮丧，你完全可以通过心理训练，有目的地培养自己积极的销售心态。其中，最有效的办法就是经常有意识地和积极乐观的销售员待在一起，从这些人身上获得乐观情绪的感染，调动自己的积极心态，从而把消极的情绪从大脑中排挤出去。正所谓，"近朱者赤，近墨者黑"。

无论如何，你要以乐观向上的精神支持你的销售事业，千万不能因暂时的困难或挫折而灰心丧气。逆境过后是顺境，冬天过后是春天。让积极乐观的精神伴随你的一生，你的销售事业必定会获得成功。

那么，作为一个销售人员，怎样保持乐观的心态呢？

1. 相信成功

销售人员在销售产品时，悲观的心态不会对你的销售起到任何作用。你需要保持乐观，把你的状态调整至成功，而不是失败。如果你坚信自己能够谈成这笔交易，那么你的预期肯定就会实现。如果你认为自己不会成功，那么失败就会到来。

2. 保持积极乐观的心情

积极乐观的态度是销售成功的基础。消极的人不可能拥有健康、充满活力的早晨。消极只会让人毫无意义地消磨时光，阻碍人们取得成功。因此，我们每个人都要努力清除那些可能会导致悲观情绪的诱因，不要让这些因素影响到我们的心情。

从早晨起床那一刻起就不停地激励自己。写一张小小的"激励卡片"放在自己的口袋里，或者任何一个可以看得到的地方，一遍遍地阅读可以潜移默化地影响我们的潜意识，促使内心形成积极的内在意识并接纳积极的世界观。

3. 创造积极的自我形象

愉快乐观必然具有一种强烈的、积极的自我形象。销售人员如何看待自己、他们对自己的认识以及他们所有根深蒂固的认识，都会对他们的成功产生影响。

一个具有积极乐观的自我形象的销售员将会把绝大多数情况看作根本上有益于自己事业的；一个具有较弱的或消极的自我形象的人将会把同样的情形看作有问题的或对自己的事业有害的。

建立一种积极乐观的自我形象确实很容易，最简单的方法莫过于你对自己所做的每一种事都能取得持续不断的成功，并且经常能够得到他人的称赞——你多么了不起！最终，你会相信自己确实很成功。然而，要是你总是不费吹灰之力，那就说明你所从事的任务和你所设定的目标未免太容易完成或达到了。

我们通常会本末倒置，把某种特定情况下的行为归类于这种行为的结果。

但优秀的销售人员总是把有利的结果归于自己的能力，同时，他们把不利的结果看作学习的机会；而那些悲观的人却总是把有利的结果归于时来运转，而把不利的结果归于自己的无能。

瞬间成交技巧二十九

自信就会成功

在销售行业流传着这样一句话："没有卖不出去的产品，只有卖不出产品的人。"一个人要想成为销售精英，就必须相信自己一定能把产品卖出去。这是销售人员一切工作和行动的指南，也是销售人员获得成功的基本保证。所以，销售人员一定要保持自信，因为自信不仅可以提升自我形象，而且有助于自己事业的成功。

自信是销售成功的第一秘诀。相信自己的能力，是销售人员取得成功的绝对条件。如果你缺乏自信，那么销售是不可能取得成功的。

自信就是相信自己的选择是正确的，相信自己的能力是出众的，相信自己一定会成功。只有充满自信的销售，顾客才会欣然接受你的产品，从而使你的成功概率大大提高。

1927年，布鲁金斯学会建成，它以培养世界上最杰出的推销员而闻名于世。在这个学会中有一个传统，那就是每期学员毕业时，学会将设计一道最能体现推销员能力的实习题，让他们去完成。20世纪90年代的某一年，学会将实习的题目定为：将一把斧子推销给布什总统。

大多学员认为，总统要什么有什么，怎么会需要一把斧头呢？但其中的一位学员乔治·赫伯特却不这样认为，他成功地将一把斧子推销给了布什总统。

学员纷纷问他是怎么做到的？他说：我认为，把一把斧子推销给布什总统是完全可能的，因为布什总统在得克萨斯州有一个农场，那儿种了许多树。于是我给他写了一封信，说：有一次，我有幸参观您的农场，发现种着许多矢菊树，有些已经死掉，木质已变得松软。我想，您一定需要一把小斧头，但是从您现在的体质来看，这种小斧头显然太轻，因此您仍然需要一把不甚锋利的老斧头。现在我这儿正好有一把这样的斧头，它是我祖父留给我的，很适合砍伐枯树。假若您有兴趣的话，请按这封信所留的信箱，给予回复。最后他就回信说要购买。

乔治·赫伯特的成功源自于他的自信。

可见，要成为一名优秀的销售员，首先要对自己有信心。销售是一门将心比心的工作，对销售员来说，信心是保证销售成功的必备素质。销售员不仅要对自己的能力树立信心，还要对自己的产品和公司树立信心。试想，如果销售员对自己的产品和对客户提供的服务都没有信心，又怎么能让客户产生购买的信心呢？只有当销售员对产品有信心时，才能一举攻破客户的心理防线。

田野是一名优秀的厨房灶具销售员，他口才过人，思维敏捷，善于洞悉客户的心理。但在一次销售中，他却因自身对公司的产品持有怀疑而导致销售失败。

一次，田野在大卖场举办销售活动，他的热情洋溢的介绍，引来了许多过往的路人，现场气氛十分的活跃，已经有几个顾客准备购买了。但在此时，他的一位好朋友到场了，问他："田野，你说的这种灶具这么好，那你自己家为什么不适用呢？"

田野犹豫了一下，回答道："这是两码事，不能混为一谈。我们公司的灶具非常好，我早就想买一套用了。但是，客户反映有那么一点小质量问题，具体什么问题我也不太清楚，所以，我想考察一段时间，以至于拖到现在还没有购买，我过一段时间就买一个。"

经田野这么一说，原来已经决定购买的顾客纷纷改变了主意。他们说："既然你自己都不相信你的产品，那我们又怎么能相信呢？"

销售人员在销售产品时，你的客户不会比你更相信你的产品，你的客户是靠你对产品的信心而被说服的。说服本身是一种信心的转移，你把你的信心传递给了你的客户，从而，你和客户一起共建了你成功的桥梁，但如果你自己都没有信心，那客户怎么又会购买呢？

自信是发自内心的自我肯定和相信，是一种积极的心态，是获取销售成功的最重要的精神力量。在销售业内有句流行语，是这么说的："四流的销售员卖价格，三流的销售员卖产品，二流的销售员卖服务，一流的销售员卖自己。"

一个没有自信的人，干什么事都不容易成功。自信是成功的先决条件。销售人员只有对自己充满信心，在客户面前才会表现得落落大方、胸有成竹，才会感染和征服消费者。

销售地板清洁剂的销售人员小夏到一家饭店去进行推销，刚一进经理的办公室，她就发现另一家公司的销售人员小赵正在对经理进行推销，而且经理已经决定要购买，小夏过去看了看说："您好，我也是销售清洁剂的，不过我的产品质量要比她的好！"说着，小夏将自己销售的清洁剂往地上一泼，随后擦了两下说："你来看！地上变得干干净净的了。"小赵顿时退缩了，一时无言以对。经理看后对小赵说："你以后不要来了，我决定购买这家公司的产品了。"

成功销售员都有一个显著的特征，那就是他们对自己充满极大的信心，他们相信自己的力量，他们对自己的未来充满信心。而那些没有做出多少成绩的销售员的共同特点则是缺乏信心，正是这种信心的丧失使得他们变得卑微怯懦、唯唯诺诺，最终导致销售的失败。

所以，在销售过程中，有信心的人才能赢得机会。销售人员在销售中要能够看到公司和自己产品的优势，并把那些优势熟记于心，你要想和对手竞争，就要有自己的优势，就要用一种必胜的信念去面对客户和消费者。因为你不仅仅是在销售商品，同时你也是在销售自己，客户只有先接受了你，才会接受你的商品。

有一个印刷公司推行扩大销售计划，每半年雇用一名销售员，新雇用的销售员必须先学习商品知识和销售技巧，然后再跟着销售主管现场实习，最后才能得到该公司经理接见的机会，当经理对他讲一些带有鼓励性的话时，他就等于领到了销售的"毕业证书"。

有一年，公司雇用了一个不成熟而且缺乏信心的年轻销售员。这位销售员在经过前两个阶段的学习后，对自己能否胜任销售工作一点信心也没有，他正担心经理不给他发"毕业证书"呢。

可是，经理在对他讲了一些鼓励性的话后，说道："你听着，我要把我想要做的事告诉你，我打算让你到一个'绝对可靠的预计客户'的住处去销售，以前我也总是把新来的销售员派到那里去销售。理由很简单，因为那个老太太是个买主，什么时候都买我们的东西。但是，我要预先警告你，她是一个厚脸皮、令人讨厌、爱吵嘴而且满口粗话的人。你如果去见她，她只是叫嚷一阵而已，是不会把你怎么样的。所以，无论她说什么，你都不要介意。我希望你默不作声地听着，然后说'是的，太太，我明白了。我带来了本市最好的印刷业务的商谈说明，我想这个说明对于你来说，也一定是想要得到的东西'。总而言之，她说什么都没关系，你只要坚持你的立场，然后反过来讲你要说的话。不要忘记，她在什么时候，都会向我们的销售员订货的。"

被打足了气的销售员随后就去拜访客户了。当他来到客户的住处，报了自己公司的名字，在头5分钟里，他没有机会讲上一句话，因为那个老太太不停地给他讲一些无关紧要的事。好在这位销售员事先得到过警告，他耐心地听着老太太的话。最后他说："是的，太太，我明白了。那么，这是本市面上最好的印刷业务的商谈说明，这样的商谈说明，当然是您想要得到的东西。"这样一进一退的进攻和防御大约持续了半个小时。半小时后，那个年轻的销售员终于得到了该印刷公司从未有过的最多的订货。

当他喜滋滋地把订单交给经理时，他说："您说的关于那位老人的话没错。她是一个厚脸皮、令人讨厌、爱吵嘴、满口粗话的人。可是对那位可爱的老人我要说稍微不同的话：她真是个买主！这是我在公司任职以来获得的最大的一批订货呀。"

经理看了一下订单，满脸惊讶地说："喂，你搞错人了吧？那个老太太，在我们遇到的对手中，是最吝啬、最讨厌、最好吵架，而且是最爱说粗话的老人！我们这15年来总想让她买点儿什么东西，可是她连1元钱的东西也没有买，总之她从来没在我们这儿买过一件东西。"

在销售过程中，销售人员要与形形色色的人打交道。这里有财大气粗、权位显赫的人物，也有博学多才、经验丰富的客户。销售员要与在某些方面胜过自己的人打交道，并且要能够说服他们，赢得他们的信任和欣赏，就必须坚信自己的能力，相信自己能够说服他们，然后信心百倍地去敲顾客的门。如果销售人员缺乏自信，害怕与他们打交道，胆怯了，退却了，最终会一无所获。

在销售中，销售人员的"自信"往往会促进交易的成功，但在销售的过程中，销售人员遇到最多的就是"不自信"。其实，销售人员产生不自信的原因主要有以下几个方面。

1. 销售人员对自己不自信

销售人员对自己不够自信主要是认为还缺乏专业的知识，还不能够顺畅地回答顾客的提问。如果销售人员一开始就在内心埋下不自信的种子，那它就会不断地发芽、长大，当与顾客打交道时，这种不自信就变成了惧怕顾客提出问题和异议，而越是惧怕的问题越容易在销售中出现。

2. 销售人员对自己所销售的产品不自信

问题的发生并不重要，关键是你的想法。任何产品不论做工再精细，质量控制再严格，总会有一些问题。只是出现问题时，销售人员怎样看待，如果销售人员有意识地去回避，那么反而容易引起更大的麻烦。与其回避问题，不如正视问题，学会问题的转化技术来向顾客进行正确的销售。销售中，要保持初期那种对这个产品的缺陷不了解时的销售热情，无知而无畏，大胆地向顾客进行推荐，诱导他们弱化对这些问题的看法，达成销售的目标。

3. 销售人员对自己的公司不自信

当销售人员对自己的公司不自信时，无论他怎样掩饰，也会在顾客面前有意或无意地表露出来。销售中，如果顾客发现销售人员不喜欢自己的公司，对公司未来的发展与前途没有信心，那就会影响到顾客对未来利益的保障得不到而担忧，影响他们的决策。此时，即使销售人员嘴上说得再动听，顾客也只会相信他自己的感觉。

自信会使销售人员的销售变成一种快乐。想一想就会明白，一个不自信的销售员一定会把销售当作去受罪，是到处求人的令人厌烦的工作。然而自信却能使你把销售当作愉快的生活，既不烦躁，也不会厌恶，这是因为你会在自信的销售中对自己更加满意，更加欣赏自己。

那么不自信的人又该怎样培养自己的自信心呢？

1. 要有一个全面的自我认识和正确的自我评价

自信是在自我认识和自我评价的基础上建立起来的自信，而不是盲目的自信。销售人员培养自信首先要做的就是全面而深入地了解自己的各个方面，包括兴趣、特长、个性、知识水平、实际能力、价值观念及过去的成功经验和失败教训等。然后，对各个方面进行分析，弄清自己的长处和短处，并将这些方面同自己的销售工作联系起来综合考虑、全面衡量，做出正确、客观的自我评价。

2. 要克服自卑心理和畏惧情绪

销售人员之所以缺乏自信，一是是自卑心理很重，认为自己不行，甚至觉得自己根本不适合做销售；二是有畏惧情绪，怕销售干不好，怕顾客拒绝，怕商品卖不出去。自卑心理和畏惧情绪严重阻碍了自信心的确立，应该加以消除。

心理实验表明，越是惧怕的事情往往越容易发生。销售人员要培养自信心，必须消除畏惧情绪和恐惧心理，以一种超然的姿态正确对待销售工作中所遇到的问题和困难。当问题还没有出现，就要变担忧顾虑为采取积极措施防患于未然；一旦碰到挫折和失败，要勇敢地面对它，从失败中总结教训，从失败中看到成功的希望，失败是暂时的，失败仅仅出现在某次行为或事件上。对于一名优秀的销售员来说，他内心永远没有失败的阴影，只有充分的自信、必胜的信念。

3. 要在销售实践中加强心理训练，克服不良心理习惯

销售人员要培养自信心，就应在销售中不断加强自我心理训练。心理训练的一种有效方法是自我暗示，销售人员可在销售过程中进行积极的自我心理暗示，逐步增强自信心。

需要指出的是，培养自信心的心理训练是需要在销售实践中进行的，如果离开销售实践而只靠头脑、单凭心理活动是难有成效的。销售人员只有熟悉了销售业务、积累了经验、提高了能力，才会产生自信心。从这种意义上讲，销售人员的自信心是在不断积累销售经验和胸有成竹办事的过程中建立起来的，是从销售实践中通过刻苦努力一步步培养起来的。

4. 面对客户的无礼拒绝，销售人员更要坚定信心

销售人员经常是非常热情地敲开客户家的门，却遭到客户的冷言冷语。这时，你一定要沉住气，千万不要流露出不满的言行。要知道，客户与你接触时，并不会在意自己的言行是否得体，反而总是在意你的言谈举止。客户一旦发现你信心不足，则对你的商品就更不会有什么好感了。即使他认为你的商品质地优良，也会得寸进尺，见你急于出手，便乘机使劲压价。客户这样做，就是因为你失去了自信。

5. 熟悉分析所售的产品和竞争产品

人常说：知己知彼方能百战不殆。同样这一制胜原则在销售中同样适用。销售人员在进行销售前，也应从竞争对手的产品情况进行详细地了解。只要掌握了自己产品的优点和对方的缺点，你才能很自信地应对客户的各种问题。

　　自信既是销售新人必备的气质和态度，又可说是能倍增销售额的一个妙计，因为自信就有分寸，不足便显得怯懦，过分又显得骄傲，因此，销售新人要善加把握。如果你想成为一流的销售员，那么就必须时刻保持自信，因为只有自信，才会让客户对你产生信任，才会心甘情愿地购买你的产品。

瞬间成交技巧三十

有效利用你的时间

作为一名销售人员，不管你的销售潜力有多大，但如果你不能有效安排和利用时间，那么想取得好的销售业绩就会成为一句空话。时间是无法挽留的，就像那东逝之水，只可流去，不可流回，当一天结束时，时间不会留作明天待用。推销员是与时间赛跑的人，如果你想获得成功，就必须学会有效地安排时间，有效地利用时间，因为时间是提高业绩的关键。

富兰克林曾说："我们不能向别人多借些时间，也不能将时间储藏起来，更不能加倍努力赚钱买一些时间来用。唯一可做的事情就是把时间花掉。"

时间对于我们每一个人来说都是公平的，是不可增加、转让、变更和储存的，只有合理地安排时间，并对其进行合理的管理利用，你才能有规律、有步骤地完成每一项工作。而作为一名销售人员，必须要仔细规划时间，尽量将时间用在销售上，并有效地安排访问次序。只有这样，你才能在"时间就是金钱"的法则中赢得主动，并最终取得销售的成功。

日常生活中，我们常常会听到这样的抱怨："如果我能有更多的时间，我就会……""如果再给我一点时间，我就会……"当你问到人们喜欢更多地拥有什么东西时，你会得到各种不同的回答：金钱、假期、家庭生活时间、爱好、教育等。再向他们发问，什么才能使他的生活更轻松，你会得到更加一致的答案："我需要更多的时间！"

是的，每个人对于时间都有永无止境的要求。不过现在，我们要请你改变对时间的态度，并清楚你的时间究竟值多少钱。我们不妨计算一下：

如果你每年的收入是8万元，按照每周40小时工作时间计算，你每年工作2080小时，那么你每小时的估价便是38.46元。

如果你是从事销售工作的，如果你每天有一个小时花费在没有收获的活动上，那就意味着一年里你花费了1万元，却没有从中得到任何东西。更为严重的是，你浪费了你的时间，也浪费了老板的时间；同时，你也失去了那些如果你能有效利用这些时间便会发掘出来的客户和未来的生意。

所以，作为一名销售人员，你的时间的价位是由你自己决定的，没有任何公司、任何团体、任何贸易协会、任何人可以支配你每小时的价位。

鲁迅曾说："时间，每天得到的都是二十四小时，可是一天的时间给勤勉的人带来智慧和力量，给懒散的人只留下一片悔恨。"

每个人拥有的时间是一样的，通常情况下，普通的销售人员每天都很忙碌，随着时间的流逝而他们却没有做成任何有用的事。为此他们总是慨叹自己为什么总是没有收获，究其原因，就是因为他们对时间缺乏科学的管理和利用。

每个人每天的时间是相同的，别人的时间不比你多，你也不比别人少。同样，你既不能控制时间，也不能让时间停止或变慢，而你要做的，就是充分地管理时间和利用时间。实质上，管理时间就是管理你自己。

时间是不会同你协商的。你能做的只有通过管理尽可能地利用每一分钟，有效地安排你现有的时间。只有这样，你才能比别人更成功。

有一家食品公司，访问的对象主要以普通小客户为主。

当时，其他食品公司的推销员一天只访问20户左右，而这家保险公司的推销员，一天却要访问50户以上。每天9点一到，他们就来到负责区域，展开例行的访问活动，其他竞争对手往往9点半过后才姗姗来到。不用说别的，光说起步，这家食品公司就赢得了30分钟。

另外，请教当地客户之后，你就会发现他们受欢迎的程度令人吃惊。这家食品公司的推销员，从没有中断过对该地的访问活动，其他食品公司的推销员却偶尔才来一次，而且逗留的时间也非常短。

推销员的工作时间，最好早于竞争对手5~10分钟。虽然只有短短的10分钟，而一个月却能累积240分钟左右，一年就能累积48个小时。

比竞争对手早到现场10分钟，不仅仅是单纯的数字不同，它后面所隐藏的意义，上面的那家食品公司的例子就是最好的证明。

你每天都有24小时，你是把它花掉，还是把它用于投资？

能有效利用一天的活动时间，是提高业绩的关键。真正的销售高手会把每一分钟都用于投资。如果你开车去拜访客户，你可以收听收音机中的广播节目，听听美妙的音乐。但是，一种更有成效的方法是把这些时间用于听一些好的、教育性、推动型或鼓励性的广播。

李娜是一名销售员，在化妆品行业，她可以称得上是一位销售高手，她的成功，源自于她的时间的合理安排和利用。李娜一般从上午7点开始一天的工作。她除了吃饭的时间，始终没有闲过。李娜五点半有一个约会，为了利用四点至五点半这段时间，她便开始打电话，向其他客户约定拜访的时间，以便为下星期的推销拜访而预先安排。

香港首富李嘉诚每天利用上班路上的30分钟请了一位英文教师给他上英文课，多么有价值啊！齐藤竹之助更是惜时如命。在工作中，他摸索出六条有效利用时间的方法。

第一，与顾客共进午餐。齐藤竹之助认为，独自一个人吃饭是最浪费时间的。与顾客共进午餐，可以使双方的交谈在一个比较融洽的气氛中进行，容易达到预想的效果。另外，还可以从顾客那里学到不少的东西，提高自己的修养。

第二，利用等待顾客的时间读书学习。利用等顾客的时间看一些资料，观察所在的环境，分析顾客的性格、爱好、财力、修养等，可以为与顾客见面时的交谈做好准备。

第三，做出良好的工作安排。销售特别是推销工作需要准备大量的资料，这些工作要在推销之间做好充分的准备。

第四，合理地运用交通工具。在拜访客户时走哪一条路线，坐什么车都计划好。根据要拜访的客户的位置制定行程表，可以避免在交通上浪费时间。在车上，还可以看一些资料、思考、推敲销售方案，也可以记住街区情况、路旁建筑物、商铺位置，大型广告上的企业名称、地址、电话。

第五，拜访客户之前，预先将客户的所有情况调查清楚。

第六，准备不充分时不去拜访客户。充分做好准备，在确定了推销方案之后再去拜访，就不会因为准备不足而白白浪费时间。

"一寸光阴一寸金"，对推销员而言，时间就是金钱，你必须明白你的时间观念和你的业绩是紧密相连的，因此，你必须学会管理自己的时间，运用自己的时间，把自己的时间运用得更有效率。

1. 把琐碎的时间利用起来

一件工作与一件工作之间总会出现一定的空闲，人们都会在每件事情与事情之间浪费琐碎的片段时间，比如我们在等车、等客户时，或多或少都会有一段时间是空闲的，如果我们不能善加利用，这些时间就会白白溜走；如果将这些时间积累起来，产生的效果也是非常可观的。

推销员在等车时总有十几分钟的时间，如果是毫无目标地四下张望，就是缺乏效率的。如果每天利用这十几分钟等车的时间想一想自己将要拜访的客户，想一想自己要说什么，对自己的下一步工作做一下安排，那么，你的推销工作一定能顺利展开。千万不要小看这不起眼的几分钟，说不定正是由于这几分钟的策划，你的推销就取得了成功。

2. 制订一份合理的行程表

在时间的运用上，最忌讳的是缺乏事前计划，想到哪里就做到哪里，这是最浪费时间的。推销员拜访客户时，从A客户到C客户的行程安排中，遗漏了两者中间还有一个B客户的存在。等到拜访完C客户时，才又想到必须绕回去拜访B客户，这就是事先未做好妥善的行程规划所致。如此一来，做事的效率自然事倍功半。另外，一个节省时间的小窍门是某些私人事务也可以在拜访客户的行程中顺道完成，以减少往返时间的浪费。因此，销售人员在销售之前制作一份完整的行程安排表是必不可少的。

3. 凡事都要限时完成

当我们做一件事时，一定要定出完成的时间，这样才能迫使自己积极地掌握时间。俗话说："住得近的人容易晚到"，其原因是住得近，容易忽略时间。例如，一些推销员为了方便上班，在离公司一步之遥的地方租房子，因为很快就可以到达公司，但也容易养成拖拉的坏习惯，结果往往是快迟到的时候才惊觉。

事实上，不是时间不够用，而是因为消极的心态让你疏忽了时间的重要性。

因此，要改变自己的想法，就必须用正确而积极的态度管理时间，要求自己凡事都得限时完成。这样，事情才会一件接着一件地完成，这才是有效率的工作。

时间是最容易取得，也是最容易浪费掉的资源，因此你应该知道自己每个小时应创造多少生产效益和收入。如果你希望每个月挣2万元，那么你应该计算一下，如果你每个月工作25天，那么每天的收入就是800元，每天800元的收入如果除以8个小时的实际工作时间，那么你每个小时的收入就是100元，每当你花费了一个小时的时间，你应该问问自己，我这个小时是创造了100元的收入还是已经浪费了50元钱？

成功销售人员的收入之所以会很高，就是因为他懂得利用时间。在每天相同的工作时间基础上，如果你的时间管理能力是普通人的两倍，那么你每天所能拜访的顾客就是普通销售员的两倍。这样即使你的销售技巧及平均成交比率和他人一样，那么也能创造出两倍的业绩和收入。

因此，一个不懂得运用时间的推销员是不可能有高收入的。

分析所有那些被人们誉为"顶尖推销员"的人，你会发现：他们在和客户面谈之前，都会做好调查工作。他们总希望能够事先拟定好最佳的会谈方案，以便及时提供给顾客。因此正式面谈一开始，他们的反应大多是："您的时间很宝贵，我也很忙碌，我们就开门见山谈事情吧！"可见他们是多么重视时间！这样，不仅为自己也为顾客带来了时间的节省和效率的提高。

一个销售人员说早上7点到办公室的好处是："我比一般人早到了两个小时，没有人和我抢着用复印机和传真机，又可以打电话给顾客服务代表，而且有时间修正前一天所做的日程表，然后还可以比其他人提早一个小时下班。"

推销员在公司开完早会以后，要马上走出公司，直奔访问现场。千万别拖泥带水或临时办琐事，这样会打断工作的连续性。有时，主管会由于你动作太慢而责难道："喂，你还不出去吗？难道要等吃中饭？"弄得自己一天不高兴，这又何必呢？

虽然推销员要及早出门访问，但也不能不做准备就上路。切忌访问准备不周，所以要在前一日将资料备妥，顺便请上司提出意见。

推销员是一个不受时间限制的工作，因此可以自由支配自己时间，但如果你不能好好地利用自己的时间，没有时间观念，那么成功的推销也就无从谈起。